# El Niño Llamado Niño

Ernesto Cuevas

**El Niño Llamado Niño**
© 2025 Ernesto Cuevas

**Primera edición**

# Dedicatoria

Para Patricia,
quien estuvo a mi lado cuando todo se desmoronaba.

Y para mis hijos—
Joshua, Cody, Brandie, Ziarah y Axel—
quienes me dieron razones para seguir luchando,
incluso cuando las batallas eran silenciosas e invisibles.

Esto es para ustedes—
por su lealtad, su amor y su inquebrantable fe en mí.

Ustedes son la parte más verdadera de mi historia.

Dedicatoria

# Prólogo:
# El llanto en la casa

Me encontraron llorando en una casa donde no vivía nadie.

No recuerdo el papel tapiz, ni siquiera si había alguno. No recuerdo las ventanas rotas, el crujido del suelo, el olor a polvo y podredumbre. Pero lo he imaginado tantas veces, que es como si lo hubiera vivido.

Dicen que alguien me escuchó desde la acera. Un desconocido que pasaba. Tal vez de camino al trabajo, tal vez simplemente tomando aire. Escuchó un ruido—débil al principio, como un gato, o como una tubería golpeando dentro de las paredes de un lugar vacío.

Pero no era un gato. Era yo.

Un recién nacido, llorando en una casa abandonada.

Sin nota. Sin manta. Sin explicación. Sin el aroma de una madre impregnado en mi piel.

Llegó la policía. Luego, Catholic Charities. Me envolvieron, me sacaron cargado. Nadie sabía de dónde venía. Nadie sabía mi nombre. Durante semanas—tal vez meses—solo fui "el niño de la casa".

Así me llamaban.

Y entonces llegaron Tino y Frances.

Ya estaban en el proceso de adoptar a otros dos niños. Catholic Charities los llamó y les dijo: "Hay otro niño. Un varón. ¿Estarían dispuestos a llevarlo también?"

Y así, sin más, pasé a ser parte de una familia. De su familia.

Me dieron un nombre—Ernesto Cuevas—y un hogar. Ropa, fotos, viajes a la playa. Pero nadie me dijo nunca cómo comenzó todo. Esa parte de la historia se guardó en un cajón y se cerró con llave.

No lo supe hasta décadas después.

Un día, una de mis tías—la cuñada de mi madre adoptiva— me sentó y me dijo: "¿Alguna vez te contaron la verdad?" Su voz temblaba. Luego me lo dijo todo: la casa, el llanto, el desconocido que me encontró.

Lloró mientras hablaba, como si la hubiera perseguido durante años.

Y luego, años más tarde, otra tía—que vivía en otro estado y ni siquiera conocía a la primera—me contó exactamente la misma historia.

No pudieron habérselo inventado juntas. No hablaban. Ni siquiera se caían bien.

Así supe que era real.

La historia que había estado viviendo toda mi vida había comenzado sin su primer capítulo. Y de pronto, lo tenía.

Eso es lo que pasa con la adopción. No siempre es el evento lo que te marca—es el silencio que lo rodea. Son las fotos en las que no te pareces a nadie. Los comentarios susurrados por extraños. Ese vacío en el pecho que no puedes explicar.

Mi acta de nacimiento ni siquiera tenía un nombre. Solo una palabra: Niño.

Niño Cuevas.

Como si fuera un sustituto. Una pregunta sin respuesta.

Pero esta es mi historia. La historia de un niño encontrado en una casa, y todo lo que hizo falta para convertirse en un hombre que sabe quién es.

Y la cuento ahora—por el niño que fui, y por cualquiera que aún esté buscando respuestas en medio del silencio.

# Capítulo Uno:
# El niño que no encajaba

No lo supe de inmediato.

Durante gran parte de mi vida, pensé que mi historia había comenzado como la de todos los demás—con padres, un hogar, fotos de bebé enmarcadas. Sabía que no me parecía del todo al resto de mi familia. Sabía que no encajaba del todo. Cabello rubio en un mar de negro. Piel clara en un hogar de piel morena. Pero nadie hablaba de eso. Al menos, no directamente.

Fui criado por Tino y Frances Cuevas. Me amaban. Me vestían. Me enseñaron a andar en bicicleta y a poner carnada en un anzuelo. Y había toda una familia alrededor de ellos— abuelos, tías, tíos—principalmente del lado de mi padre. Su padre, Matías, y su madre, Cristina, vivían en Alamo, Texas. Gente fuerte. Tradicional. Me llamaban *mijo*. Me daban dulces. Me abrazaban con fuerza.

Los padres de mi mamá—Poncho y Petra—vivían en Edinburg, a poca distancia de la frontera. Cada verano, hacíamos el largo viaje hacia el sur para visitarlos. Veinticuatro horas en una camioneta tipo *station wagon*, deteniéndonos en áreas de descanso, viendo a mi papá cocinar el desayuno en una estufa portátil mientras mi mamá nos servía jugo de una hielera. Esos recuerdos están cosidos dentro de mí, dulces y cálidos.

Había amor en esa familia. Amor verdadero. Pero también había distancia—algo debajo de la superficie que no sabía nombrar. Incluso mis abuelos a veces me miraban de forma diferente, como si no estuvieran seguros de a quién estaban mirando.

Aun así, no lo cuestionaba—al menos no abiertamente. Era un niño. Uno acepta lo que se le da. Uno vive la historia que le toca.

No fue hasta muchos años después—décadas, en realidad—que la verdad salió a la luz.

Un día, una de mis tías—la cuñada de mi madre adoptiva—me sentó y me preguntó:
"¿Tus padres alguna vez te dijeron cómo te encontraron?"

Parpadeé. No tenía idea de qué estaba hablando.

Ella dudó un momento, y luego me lo dijo:
"Te encontraron, Ernie. Solo. En una casa abandonada."

No supe qué decir. Mi mente se quedó en blanco y, al mismo tiempo, se llenó de ruido. Ella lloró mientras hablaba, con la culpa asomándose en sus ojos.
"Tal vez no debí habértelo dicho," susurró. "Pero pensé que debías saberlo."

Esa historia pudo haber terminado ahí—el relato de una sola persona, fácil de descartar.

Pero años después, otra tía—de otro estado, que ni siquiera conocía a la primera—me contó lo mismo. Misma historia. Mismas palabras.

Y así supe que era verdad.

Mi vida no había comenzado como yo pensaba. No empezó con una cuna ni con un abrazo cálido.

Empezó en una casa fría y vacía.

Con un llanto.

He intentado durante años imaginarme esa casa.

No sé exactamente dónde estaba. Nunca he visto una foto. Pero la he construido en mi mente, con fragmentos y sombras, como si intentara reconstruir las ruinas de un sueño. En mi cabeza siempre es igual: de dos pisos, ventanas con cristales rotos, la puerta principal entreabierta como una boca congelada en un grito. Un lugar no hecho para vivir. Un lugar hecho para ser olvidado.

Y dentro de ese lugar, estaba yo.

Nadie sabe cuánto tiempo estuve allí. Tal vez unas horas. Tal vez más. El tiempo suficiente para llorar hasta quedarme afónico. El tiempo suficiente para que alguien que pasaba se detuviera y pensara: *¿Qué es ese sonido?*

Ese desconocido—quienquiera que haya sido—me escuchó. Seguramente se detuvo, miró la casa, tal vez pensó que ahí no vivía nadie. Pero el llanto no se detuvo. Y algo dentro de esa persona dijo: *entra*. Así que entró. Y me encontró.

Un bebé.
Solo.

Sin biberón. Sin manta. Sin nota. Solo un par de pulmones pequeños haciendo lo único que sabían hacer: gritar en la oscuridad.

Esa es la primera imagen de mi vida: no los brazos de una madre, no una voz suave, sino un alarido resonando en una casa muerta.

Hay una parte de mí que aún vive en ese silencio. Que aún siente las paredes cerrándose. Que aún se pregunta quién me dejó ahí—y por qué se fue.

Era solo un bebé, así que no lo recuerdo. Pero vive en mí de todos modos, como una cicatriz bajo la piel. Es curioso cómo uno puede extrañar algo que nunca tuvo. Una voz diciendo tu nombre. Un rostro asomándose sobre tu cuna. Una promesa susurrada al oído: *Eres deseado.*

Eso nunca lo tuve.

En cambio, me recogió la policía. O tal vez una ambulancia. O tal vez una trabajadora social con guantes y una carpeta.

Nunca sabré los detalles. Esos archivos están enterrados, si es que existen.

Lo único que sé es esto: no fui entregado por nacimiento, sino por accidente. No fui puesto en los brazos de una madre, sino en manos del sistema.

Y cuando Catholic Charities llamó a Tino y Frances y les dijo: *Hay un niño aquí. ¿Quieren llevarlo también?*, ellos dijeron que sí.

Y así comenzó mi vida.

Con un *sí* de unos desconocidos.
Con un llanto en una casa vacía.

Tino y Frances ya habían tomado una decisión.

Estaban adoptando a dos niños—Roberto y Rachel. Hermano y hermana, de sangre pura, cabello oscuro, miradas serias. Ya habían hecho el papeleo, las entrevistas, las oraciones. Su decisión estaba tomada. Dos niños. Una pareja. Ese era el plan.

Entonces llegó la llamada.

Catholic Charities les dijo que había un niño más—un varón, encontrado solo. Sin antecedentes. Sin parientes conocidos. Solo un bebé.

Les preguntaron: *¿Lo aceptarían también?*

No se suponía que fueran tres. Ese no era el plan. Pero algo dentro de ellos dijo que sí.

Tal vez fue la fe. Tal vez la culpa. Tal vez algo que no se dijo—algo que les hizo sentir que ese niño no era un extra. Que debía estar allí.

Y así me llevaron a casa.

No fui elegido de una lista. No fui asignado por una trabajadora social. Solo fui entregado. Una vida más que se sumaba al hogar de los Cuevas.

A veces me pregunto cómo habrá sido ese día para ellos. ¿Me habrán sostenido con torpeza, sin saber cómo vincularse con un bebé que no era suyo? ¿Me habrán susurrado promesas de amor? ¿Me habrán visto como una bendición—o como una carga?

Nunca lo sabré.

Lo que sí sé es que, desde ese día en adelante, fui criado como un Cuevas. Me dieron ese apellido. Mi nueva identidad fue impresa cuidadosamente en un documento. Un nombre, un hogar, un comienzo.

Pero los comienzos no borran lo que vino antes. Solo lo entierran.

Y enterrado bajo mi nueva vida había un hecho silencioso: fui el último en llegar. Inesperado. Extra.

El "niño adicional".

Tino trabajaba para el gobierno, Frances era ama de casa en ese entonces. Vivían en una casa modesta en Mitchell, Illinois— un pequeño pueblo donde todos se conocían. Sus raíces venían de Texas, pero se habían establecido en el Medio Oeste, criando una familia de tres que, desde afuera, parecía como cualquier otra.

Pero dentro de esa casa, se guardaban secretos. Las preguntas se respondían con sonrisas y distracciones. No se suponía que lo supiéramos. Ninguno de nosotros.

Nos dijeron que lo mantuviéramos en secreto. Incluso después de que lo descubrimos, años más tarde—nos dijeron: *No le digan a nadie que son adoptados.*

Como si fuera algo de lo cual avergonzarse.

Pero incluso siendo niño, lo sabía. Podía sentirlo en esos espacios donde el amor no alcanzaba del todo. En la forma en que mi madre me miraba cuando estaba enojada. En los nombres que la gente susurraba cuando pensaban que no escuchaba.

Ese—él no se parece a los demás.

Y tenían razón.

No sabía que era adoptado—no en ese entonces. Solo era un niño, corriendo descalzo por el piso de madera, persiguiendo sombras, persiguiendo a mis hermanos, creyendo que el mundo era exactamente como lo veía.

Pero algo siempre se sentía… fuera de lugar.

Mi hermano y mi hermana—Roberto y Rachel—tenían ojos marrón oscuro y cabello rizado. Piel del color de la tierra calentada por el sol. Se parecían a nuestros padres. Yo no.

Mi cabello era pálido. Mi piel, casi blanca. Incluso mis ojos no coincidían. En las fotos familiares, parecía el hijo del vecino que se metió por error en el encuadre.

Mis parientes tenían un apodo para mí—*Wedo*. "Güero." Lo decían con cariño, pero se me quedó pegado como una espina. En la escuela, la gente susurraba: "¿Estás seguro de que eres de la misma familia?" "No pareces mexicano." "Seguro que eres adoptado o algo así."

Esa última dolía. Ni siquiera sabía qué significaba *adoptado*. Pero sabía que no era algo que se debía decir en voz alta.

Cargué con esa pregunta silenciosa durante años.

Hay una foto que recuerdo—grabada en mi mente como el negativo de una memoria.

Es un retrato de estudio. Todos estamos bien vestidos, alineados en filas perfectas: mi papá atrás, orgulloso y de hombros anchos; mi mamá a su lado, con el cabello arreglado con esmero; y luego nosotros, los niños, sentados al frente— Roberto a la izquierda, Rachel en el medio, y yo a la derecha.

Ellos parecían venir del mismo sol. Yo parecía venir del reflejo de ese sol.

# El niño que no encajaba

El cabello de Roberto era negro azabache, brillante y rizado. El de Rachel también tenía rizos, suaves y abundantes. Y luego estaba yo—rubio. Pálido. Como si la luz hubiera pasado a través de mí en lugar de quedarse en mí.

A esa edad—cinco, tal vez seis años—no pensaba en genética ni en lazos de sangre. Solo pensaba: *¿Por qué no me parezco a ellos? ¿Por qué la gente nos mira cuando estamos en público? ¿Por qué las señoras en la tienda susurran cuando mi mamá me empuja en el carrito?*

Recuerdo estar sentado en ese carrito una vez, con las piernas colgando, y escucharlo:

"Ese niño no se parece a los demás."

No entendí del todo lo que significaba en ese momento. Pero el silencio de mi madre después me lo dijo todo. No los corrigió. No dijo: *Claro que es mío.* Solo empujó el carrito más rápido, como si la distancia pudiera borrar la pregunta.

Pero en el fondo, una semilla fue plantada. Una que tardaría años en echar raíces.

No tenía las palabras en aquel entonces. Solo sabía que no encajaba. No del todo. No en el espejo. No en los ojos de los extraños.

Y ciertamente no en ese retrato.

Nadie dijo jamás la palabra.

No en aquel entonces. No cuando podría haber ayudado a entender todo. Mis padres sonreían y seguían adelante. Esquivaban las preguntas. Redirigían las conversaciones. Y nosotros—mis hermanos y yo—aprendimos a no preguntar.

Pero yo lo sentía.

Lo sentía en la manera en que mi mamá—Frances—a veces me miraba. Como si intentara ver a otra persona en mi rostro y no pudiera encontrar a quien esperaba. Como si yo fuera un error que nunca se atrevió a decir en voz alta.

# El Niño Llamado Niño

Había amor en nuestra casa, pero no siempre llegaba hasta mí.

Cuando mi hermano cometía un error, era una advertencia. Cuando yo me equivocaba, era una condena. El tono cambiaba. La paciencia desaparecía. Las palabras dolían más.

Y a veces, ni siquiera se trataba de lo que yo había hecho— sino de quién era.

Recuerdo un día, después de una pequeña discusión por una tontería—cosas de niños—ella me miró con esa rabia contenida, silenciosa, y dijo: *Ojalá nunca te hubiéramos agarrado.*

Yo tenía quizás siete u ocho años. Lo suficientemente mayor para entender. Lo suficientemente mayor para fingir que no lo hice.

Y luego estuvo la vez que le conté lo que pasó—cuando ese muchacho mayor me tocó de forma inapropiada durante una visita familiar. Reuní el valor. Estaba temblando. Vulnerable.

Y ella se rió.

Se rió.

Dijo algo como: *Ay, eso ni te dolió.* Como si mi dolor fuera un chiste. Como si el silencio que ella había cargado toda su vida ahora me tocara a mí.

Ese momento no solo dolió—confirmó algo que ya había empezado a sospechar: que mi lugar en esta familia no estaba construido sobre el mismo cimiento que el de los demás.

No sabía que era adoptado. Aún no. Pero sabía que era diferente. Sabía que, a veces, el amor tiene fronteras. Y yo siempre andaba al filo de ellas.

No hablábamos de sentimientos. No hablábamos de orígenes. No hablábamos de nada que realmente importara.

Sonreíamos en las fotos. Cenábamos juntos. Rezábamos antes de dormir. Pero había paredes dentro de esa casa que nadie tocaba jamás.

Y yo estaba detrás de una de ellas.

Nuestra casa no era fría ni cruel todo el tiempo. Mi papá, Florentino Cuevas—Tino—era un buen hombre. No hablaba mucho, pero no necesitaba hacerlo. Trabajaba duro. Llegaba a casa cansado. Se sentaba en silencio en su sillón la mayoría de las noches, a menos que tuviera su guitarra.

Cuando tocaba música, algo en él se ablandaba. Yo me sentaba cerca y lo escuchaba, observando cómo se movían sus dedos, como si contaran su propia historia. Él nunca decía "te quiero," pero lo sentía más de él que de cualquier otra persona en esa casa.

Frances, mi mamá, era lo opuesto. Ruidosa. Filosa. Todo lo decía con filo.

No era afectuosa—no realmente. Nunca nos abrazaba "porque sí." No se sentaba con nosotros, no escuchaba, no preguntaba cómo nos sentíamos. Pero sí decía que nos amaba.

Siempre en voz alta. Siempre cuando había alguien más presente para escucharlo.

Yo solía preguntarme a quién se lo decía. A veces, cuando lo decía, giraba la cabeza como si hubiera oído mal. *"¿Estás hablando conmigo?"*

Así se sentía—como una línea ensayada para aparentar. Como un guion que sacaba cuando había otra persona en la habitación.

A puerta cerrada, las palabras desaparecían.
A puerta cerrada, el volumen subía.

Recuerdo un día en que Roberto hizo algo sin importancia—tal vez tiró un juego o se rió en el momento equivocado. Frances levantó un tablero de damas y se lo bajó en la cabeza. Con fuerza.

La sangre le corrió por el cuero cabelludo.

Tino tuvo que sujetarla. La agarró por los brazos y gritó:

"¡Lo vas a matar!"

Lo dijo con una voz que no le había escuchado antes—asustada, enojada, urgente. De esas voces que se te quedan grabadas.

Y yo me quedé con esa voz. Con el silencio. Con la sensación de que, incluso cuando estábamos juntos, nunca estábamos del todo a salvo.

No sabía que era adoptado. Aún no. Pero sabía que era diferente. Sabía que, a veces, el amor tiene fronteras. Y yo siempre caminaba por el borde.

Las respuestas llegarían. No de golpe. No con ternura. Pero el silencio empezaba a resquebrajarse.

Pronto, sabría por qué.

# Capítulo Dos:
# Mike en la puerta

Comenzó como cualquier otro día. No recuerdo qué estábamos haciendo—probablemente viendo televisión o preparándonos para cenar. Todavía había sol. Recuerdo la luz entrando por las ventanas del frente, suave y baja.

Entonces, alguien llamó a la puerta.

Fui a abrir, y todo cambió.

Un hombre estaba allí—de complexión robusta, rostro marcado, con un corte de cabello estilo militar y una expresión seria de esas que no se olvidan. Parecía haber estado viajando. El polvo se le adhería a las botas. Sus hombros estaban tensos, como si llevara cargando algo por mucho tiempo y por fin estuviera listo para soltarlo.

No se movía nerviosamente. No preguntó por nadie en específico. No miró alrededor como un extraño inseguro de su bienvenida.

Miró directamente a Frances.

Y ella—mi madre, siempre firme, siempre controlada—no se inmutó.

No preguntó quién era. No fingió sorpresa.

Solo dijo:

—Mike.

Su voz no tembló, no se suavizó. No se acercó a abrazarlo. Solo se quedó ahí, como una estatua recordando cómo respirar.

14

Yo me quedé congelado detrás de la pared del pasillo, espiando desde la esquina.

Era la primera vez que la veía así—ni enojada, ni dulce, solo... quieta. Como si hubiera estado preparándose para ese momento durante años. Y ahora, había llegado.

Ella se hizo a un lado y lo dejó entrar.

Mike caminó lentamente hacia la sala. Observó el espacio como si significara algo para él. Luego sus ojos se posaron en Alfredo, y vi cómo su rostro cambió por completo—apenas un poco. No con sorpresa, sino con reconocimiento.

Era como encontrarse con tu reflejo en un lugar inesperado.

Los miré a ambos. Y en ese momento, yo también lo vi.

Podrían haber sido gemelos.

Misma mandíbula. Mismos ojos marrón oscuro. Mismo tono de piel. Misma postura. Ambos se movían como personas acostumbradas a la decepción—como si esperaran que la gente se fuera.

Frances se sentó. Tino estaba detrás de ella, con los brazos cruzados, observando.

Nadie nos pidió a los niños que saliéramos del cuarto. Y me alegré por eso. No quería perderme esto.

Mike miró a Alfredo. Luego a Dolores. Y finalmente dijo:

—Soy su hermano.

Así, sin más. Sin advertencia. Sin suavidad.

Una verdad cayó en medio de nuestra sala como una piedra atravesando un vidrio.

Y de algún modo, supe que no era solo su historia.

También era la mía.

La sala se quedó en silencio después de eso.

De ese tipo de silencio que no es paz. Ese que zumba en el pecho como una advertencia.

Éramos adoptados. Esa era la verdad. Pero no se nos entregó como un dato que había que entender—nos fue impuesto como una sentencia que debíamos cumplir en silencio.

En el momento en que Frances dijo:

—No se lo digan a nadie—

todo cambió.

La verdad se volvió una carga. El alivio se convirtió en confusión. Algo que podría haber abierto una puerta, la cerró con doble llave.

Pero yo era demasiado joven para guardar secretos bien.

Se lo dije a la gente. En la escuela, de pasada. No con orgullo, no con desafío—solo con naturalidad, como alguien que por fin tiene un nombre para la sensación que ha llevado consigo toda su vida.

—Soy adoptado.

Pensé que lo explicaba todo—y en cierto modo, lo hacía. Pero también trajo problemas.

Cuando Frances se enteró, explotó. Enojada, decepcionada. Dejó claro que eso no era algo de lo que se hablaba. No con extraños. No con nadie.

"La gente te va a juzgar," dijo. "Ya no te van a ver igual."

Pero ya no me veían igual.

Yo lo sabía. Ya lo había vivido. Las miradas. Las preguntas. Los comentarios susurrados lo suficientemente alto como para escucharlos.

"Ese no se parece a los otros."

"¿Estás seguro de que es hijo de ellos?"

Había pasado toda mi infancia parado junto a un misterio.

Y ahora que por fin tenía una palabra para nombrarlo, me dijeron que lo enterrara.

Pero esa palabra ya estaba creciendo dentro de mí.

Adoptado.

No me daba vergüenza—al menos no todavía. Pero sí me daba curiosidad.

Si Alfredo y Dolores venían de un lugar tan doloroso, y su historia incluía diecisiete hermanos y cicatrices que lo probaban—¿y yo?

¿De dónde venía yo?

¿Y por qué nadie vino a buscarme?

Mike se quedó.

No solo para un café o una conversación rápida—se quedó varios días. Tal vez una semana. El tiempo suficiente para que su presencia se asentara en el ambiente, el tiempo suficiente para que los muebles se acomodaran a su alrededor como si le pertenecieran. No era ruidoso. No era insistente. Pero era constante.

Y toda la casa se sentía diferente.

Tino hablaba poco mientras Mike estaba allí. Lo observaba desde la distancia, con cautela pero sin hostilidad, como un hombre intentando leer un libro sin saber que estaba escrito sobre él.

Frances se movía por la casa con más rapidez. Su voz, más cortante. Sus hombros, más tensos. Ese tipo de tensión que no nace del conflicto, sino del peso de las verdades no dichas.

¿Y nosotros, los niños? Seguíamos a Mike como sombras.

Contaba historias—no dramáticas, solo retazos. La vida en la base. Las rutinas. Cómo se había ido AWOL (ausente sin permiso), no por miedo, sino para encontrar a sus hermanos y hermanas. Ya había localizado a algunos.

Y entonces dijo algo que nos golpeó aún más fuerte:

—Somos diecisiete.

Diecisiete hermanos.

Cada uno sacado del mismo hogar. Cada uno separado, repartido entre diferentes familias, esparcidos como hojas en una tormenta.

Así de grave fue.

Después, cuando mis padres hablaban en voz baja—quizás pensando que yo no escuchaba—oí más.

Alfredo tenía quemaduras de cigarro en la espalda y en las plantas de los pies cuando Tino y Frances lo recibieron.

Dolores ni siquiera podía sentarse sola hasta los dos años. Desnutrida. Retrasada en su desarrollo.

Contaban que Alfredo fue protector con ella desde el primer momento en que estuvieron juntos. Un niño pequeño, apenas un bebé él mismo, asumiendo ya el papel de escudo.

Debió haber sido horroroso. Tan grave como para que el estado no solo retirara a los niños—sino que desmantelara por completo a la familia. De forma permanente. Sin plan de reunificación. Solo separación.

Años más tarde, cuando la verdad sobre su adopción salió a la luz, Tino y Frances les ofrecieron a Alfredo y Dolores una opción:

—¿Quieren conocer a sus padres biológicos?

Ambos dijeron que no.

Incluso después de la visita de Mike. Incluso después de saber sobre los diecisiete hermanos.

No querían volver.

Y esa decisión lo decía todo.

Mike se fue de la misma forma en que llegó—en silencio.

Sin una despedida dramática. Sin ceremonia. Una mañana, simplemente ya no estaba.

Su bolso de lona había desaparecido del rincón. Sus botas ya no estaban junto a la puerta. El aire se sentía más liviano, pero no en un buen sentido. Se sentía como si algo hubiera sido retirado de la casa… y algo más, algo invisible, hubiera quedado en su lugar.

Preguntas.

Después de que se fue, fue como si nunca hubiera estado allí. Frances no hablaba de él. Tino actuaba como si la visita hubiera sido un desvío, no una detonación. Pero nosotros sabíamos la verdad.

La casa estaba más silenciosa ahora, como si cada quien escuchara sus propios pensamientos. Como si todos estuviéramos sentados en cuartos distintos, preguntándonos qué acababa de pasar.

Fue entonces cuando Tino y Frances empezaron a hacer llamadas.

No por mí—por Alfredo y Dolores. Contactaron a Catholic Charities, buscaron archivos antiguos. Intentaron reconstruir el camino.

No pasó mucho tiempo antes de que estuviéramos en la carretera—todos empacados en el carro, rumbo a Ohio. Luego a Texas. Y de vuelta otra vez. Visitando tías, primos, hermanos que alguna vez compartieron una infancia con Alfredo y Dolores. Extraños que los miraban y veían sus propios ojos reflejados.

¿Y yo?

Yo iba por el camino.

Daba la mano. Comía

# Capítulo Tres:
# Herido en las sombras

El viaje fue largo.

No recuerdo el nombre del pueblo. Solo que era silencioso, con banquetas agrietadas y casas desgastadas que se inclinaban un poco con el viento. Íbamos empacados otra vez en el carro— Tino al volante, Frances a su lado, y los tres atrás. Estos viajes ya se estaban volviendo familiares. Visitas a personas que no eran mías, pero que reclamaban a mis hermanos como piezas de rompecabezas por fin encontradas.

Esta vez, nos alojaríamos en la casa de uno de los hermanos mayores de Alfredo y Dolores. No recuerdo su nombre. Tal vez nunca lo supe. O tal vez mi mente lo archivó en un lugar al que no tuviera que volver.

Era mayor que nosotros—quizá a finales de su adolescencia o principios de los veinte. Callado. Sonrió cuando llegamos. Parecía lo suficientemente amable. Saludó de mano a Tino y a Frances, le dio a Dolores un abrazo de lado, le dio una palmada en la espalda a Alfredo.

¿A mí? Apenas me miró.

Lo cual era normal. Yo no era la razón por la que estábamos allí.

Así se sentían siempre estos viajes—como si estuviera acompañando la reunión de otros. No era de sangre. No era una pieza perdida. Solo estaba… presente.

Nos recibieron en la sala. Ofrecieron bebidas. Nos mostraron dónde dormiríamos. Rieron sobre lo mucho que habían crecido los niños. Yo me senté al borde del sofá y sonreí cuando se suponía que debía hacerlo.

La casa tenía ese olor a vida usada. Alfombra que guardaba años de comida y humo de cigarro. Fotos en las paredes— rostros que no significaban nada para mí. Ojos que se parecían a los de Alfredo. A los de Dolores. No a los míos.

La noche cayó rápido. Los adultos seguían conversando en la cocina. Yo me senté en la sala, viendo cómo las sombras se estiraban sobre la alfombra. El hermano—nuestro anfitrión— entró y me miró.

—Puedes dormir en mi cuarto —dijo—. Tengo espacio.

Dudé.

Frances asintió desde la cocina.

—Anda, mijo.

Así que fui.

El cuarto estaba oscuro. Solo un poco de luz de luna entraba por las persianas, cruzando la cama en una línea inclinada.

Me senté en el borde un momento, sin saber dónde ubicarme. Él levantó las cobijas y se metió sin decir nada. Yo lo seguí, quedándome al extremo opuesto, cuidando que nuestros brazos no se tocaran.

Todo estaba en silencio. Ningún sonido excepto el murmullo lejano de las voces en la cocina, amortiguado por las paredes y el tiempo.

Entonces lo sentí.

Su mano.

Al principio pensé que había sido un accidente. Solo moviéndose bajo la sábana. Pero luego se movió de nuevo— deliberada. Lenta. Se deslizó por mi cintura. Hacia abajo.

Y entonces estaba dentro de mi pantalón de pijama.

Me quedé congelado.

El mundo se redujo a un punto diminuto. Mis pulmones dejaron de funcionar. Mis extremidades se volvieron de piedra. No entendía del todo lo que estaba pasando, pero sabía que no estaba bien. Lo sabía en mi piel. En la forma en que cada parte de mí gritaba muévete, mientras mi cuerpo no obedecía.

Mi corazón golpeaba como un tambor en mis oídos.

Él no dijo una sola palabra.

Me quedé así—rígido, sin aliento—durante tal vez cinco segundos. Quizás menos. Pero se sintió como una eternidad.

Entonces me lancé.

Aparté la cobija, salté de la cama y corrí descalzo por el pasillo, con el corazón latiendo tan fuerte que ahogaba todo lo demás.

No me detuve hasta llegar al cuarto de mis padres.

No hablé. No lloré. Solo me metí en la cama junto a ellos y me tapé con las cobijas hasta la cabeza.

Frances se movió, tal vez murmuró algo. Tino gruñó entre sueños. Nadie me preguntó por qué estaba allí. Nadie me abrazó. Nadie notó cómo temblaba.

Y no lo conté.

No en ese momento. No durante años.

Porque no sabía cómo.

Lo enterré.

No porque alguien me lo dijera. No porque quisiera olvidarlo.

Lo enterré porque no tenía dónde ponerlo.

No entendía qué había pasado—no exactamente. No tenía el vocabulario. Solo tenía una sensación en el pecho, como un moretón que no se veía en la piel.

No se lo conté a mis padres. No se lo conté a mi hermano ni a mi hermana. No lo susurré a una almohada ni lo lloré en la noche. Solo... lo cargué. En silencio. Como una piedra que no sabía nombrar.

La vida siguió.

Viajes. Escuela. Iglesia. Fotos con sonrisas forzadas. Esa casa quedó atrás como un lugar al que nunca regresaría—pero el recuerdo permaneció.

Vivía bajo la superficie de todo. Y yo no lo tocaba.

No hasta años después.

Ya era adulto para entonces. Lo suficientemente grande para hablar. Para finalmente decirlo en voz alta a alguien que creí que podría importar.

Se lo conté a Frances.

Esperaba confusión. Tal vez horror. Tal vez ternura. Tal vez, por una vez, que me mirara y realmente me viera.

Lo que recibí fue una risa.

—Ay, eso ni te dolió —dijo.

Y así, fue enterrado otra vez—pero esta vez bajo algo peor: la realización de que no valía la pena ser creído.

No me vio como un niño que podía ser herido. Me vio como un problema que no necesitaba solución.

Esa risa se ha quedado conmigo más tiempo que el toque mismo.

Porque una fue un momento.

La otra fue una sentencia.

No recuerdo el nombre del hombre. El que me tocó.

Pero sí recuerdo la rabia que se acumulaba dentro de mí cada vez que recordaba ese incidente. La sensación de querer matar a ese desgraciado.

No sé con quién estaba más enojado—con él o con mi madre.

Ella se suponía que era quien debía verme. Quien debía protegerme del mundo y ayudarme a cargar el peso que nunca pedí. Pero cuando fui con ella con una de las heridas más profundas de mi vida, la desechó como si la hubiera imaginado.

Como si fuera blando.

Como si fuera débil.

Como si lo que pasó no importara.

¿Y eso?

Eso es lo que se quedó.

Su risa no fue fuerte—fue casual. Como al pasar. Como si le hubiera contado un sueño raro, o un recuerdo que no valía la pena.

—Eso ni te dolió.

¿Cómo podía saberlo?

¿Cómo podía siquiera decir eso?

Ella no estuvo en ese cuarto. No vio cómo corrí, cómo temblé, cómo no pude dormir bien durante semanas. No sabía que, durante años, no pude dejar que nadie se sentara demasiado cerca detrás de mí. Que no podía compartir una cama. Que no podía estar en un cuarto oscuro sin que se me acelerara el corazón.

Pero no preguntó.

No quiso saber.

He pensado en ese momento más veces de las que creí posibles. No porque necesitara su compasión. Sino porque necesitaba que le importara.

Que me mirara y dijera: Tú no merecías eso.

Pero nunca lo hizo.

Y tal vez, en el fondo, fue ahí cuando algo dentro de mí se rompió para siempre. No porque me hubieran herido—sino porque lo viví solo.

He intentado olvidar esa noche.

He intentado archivarla en el cajón de las cosas que pasaron hace mucho tiempo—antes de tener palabras, antes de tener coraza, antes siquiera de saber quién era.

Pero no se va.

Se aparece en los silencios entre conversaciones. En la forma en que aún me sobresalto cuando alguien entra muy silenciosamente a una habitación. En la confianza que tengo que construir desde cero, una y otra vez, con cada nueva cara en mi vida.

Esa noche nunca terminó.

Solo se volvió silenciosa.

Y tal vez eso sea lo más difícil de cargar con algo así—que no grita. Susurra. Se mete en las grietas de tu vida y espera a que lo notes.

Aún hay días en los que me pregunto qué habría pasado si no hubiera corrido. Si no hubiera dicho que sí. Si ni siquiera hubiera estado ahí—en una casa a la que no pertenecía, rodeado de personas que no eran mías.

Fui un invitado en la reunión de otra familia. No tenía sangre en esas paredes. No tenía historia en esas fotos.

Pero fui yo quien volvió dañado.

Y nadie lo notó.

Nadie, excepto yo.

Pero tal vez ahora, eso sea suficiente.

Tal vez contarlo aquí—por fin—sea la forma en que el eco comienza a desvanecerse.

# Capítulo Cuatro:
# Ecos del pasado

Comencé la escuela en Mitchell, Illinois—Mitchell Elementary, justo al otro lado del río desde St. Louis.

Tenía cinco años.

El primer día debería haber sido emocionante. Zapatos nuevos. Crayones con puntas perfectas. Esa mochilita ajustada que te hacía sentir importante. Pero lo único que recuerdo es mirar a mi alrededor y saber, al instante, que no encajaba del todo.

Los niños tenían el cabello oscuro, ojos oscuros. Algunos se parecían a mis hermanos. Ninguno se parecía a mí.

Me senté cerca del frente del aula. Dijeron mi nombre. La maestra sonrió. Pero vi ese momento—solo un parpadeo—donde sus ojos se detuvieron en mí un poco más que en los demás. Como si estuviera tratando de resolver una ecuación.

Más tarde ese día, alguien me preguntó si estaba en el salón correcto.

Luego, otro niño se inclinó en la hora del almuerzo y preguntó:

—¿Eres adoptado?

No supe qué responder.

En ese momento, aún no me lo habían dicho—no oficialmente. Pero algo en mí ya lo había adivinado. Y esa pregunta cayó como una confirmación. Aunque no dijera que sí, ellos ya lo creían.

Bajé la cabeza. Me comí el sándwich. Me reí cuando ellos se reían. Pero por dentro, se asentó un silencio pequeño y pesado.

A nadie más le hacían esa pregunta.

Nadie más tenía que justificar su presencia.

Solo yo.

Ese día marcó algo. Un antes y un después. Antes de la escuela, solo era un niño. Después de la escuela, era un signo de interrogación.

Y no se detuvo después de la primera semana. Ni del primer mes.

Maestros, padres en la salida, incluso la señora de la cafetería—de vez en cuando, alguien dudaba antes de llamarme por mi apellido. Como si no estuvieran seguros de que pertenecía a esa familia.

Y yo tampoco lo estaba.

Todo comenzó en casa.

Güedo.

Ese era el nombre que mi familia extendida en Texas me dio. Jerga para "niño blanco." Al principio pensé que era solo un apodo. Todos tenían uno. Alfredo era "Beto." Dolores era "Chelita." Yo era "Güedo."

Pero con el tiempo, empezó a sentirse como otra cosa.

No un nombre.

Un recordatorio.

De que no me parecía a los demás.

De que no encajaba.

Mis primos en el sur de Texas lo decían con una risa, claro, pero siempre venía con una mirada después. Una mirada que decía: Él no es uno de nosotros—no de verdad.

Y no era solo la familia. En la escuela, era peor.

Los niños señalaban. Susurraban. Preguntaban si yo era visitante. Niño de acogida. Vecino.

Incluso cuando no decían nada, podía sentir sus ojos sobre mí cuando Frances venía a recogernos. Su cabello recogido, piel oscura al sol, hablando en español con otra mamá en el estacionamiento. Yo, parado a su lado, pálido como el invierno.

No parecíamos parte de la misma silueta.

Los desconocidos pensaban que yo era el hijo de la vecina. Algunos asumieron que era adoptado antes de que yo siquiera lo supiera. Y esa fue la parte más difícil—que ellos lo vieran antes que yo.

El racismo no era algo abstracto. No eran solo historias en los libros de historia. Estaba en el recreo.

Nos llamaban "mexicanos sucios." Decían cosas como: "Vuelvan a su país," aunque veníamos del mismo pueblo que ellos.

A veces usaban la palabra con "N." No les importaba la precisión. Solo querían herir.

Aunque yo tenía la piel clara, igual me arrastraban con los insultos. Era culpable por asociación.

Pero dentro de nuestra casa, los ecos eran diferentes.

Frances no hablaba de raza. No hablaba de identidad. No decía mucho, a menos que fuera a gritos. Pero cuando la gente le preguntaba por mí—por qué me veía tan diferente—se ponía rígida. A la defensiva.

—Claro que es nuestro —decía. Pero su tono siempre tenía filo. Siempre sonaba ensayado.

Como si supiera que tenían razón en preguntar.

Yo no salí a buscar peleas.

Las peleas me encontraron a mí.

Un comentario por aquí. Un empujón por allá. Alguien riéndose muy fuerte después de llamarme por un nombre que no entendí sino hasta mucho después.

Al principio, intenté ignorarlo. Alejarme. Agachar la cabeza, como Frances me decía. "No les des motivos."

Pero con el tiempo, ya no necesitaba un motivo.

Necesitaba respeto.

Y en esa escuela, en ese barrio, no se ganaba con palabras.

Así que lancé golpes.

Golpeé porque estaba cansado de los susurros. Cansado de ser el que siempre tenía que justificarse. Cansado de los maestros que dudaban antes de llamarme, como si no estuvieran seguros de que pertenecía. Cansado de que me preguntaran si Frances era mi mamá de verdad.

Para cuando llegué a tercer grado, ya tenía reputación. No era el más grande, pero era rápido. No hablaba fuerte—solo no me echaba para atrás.

Peleaba con los niños que usaban insultos. Con los que decían que mis hermanos no eran realmente mis hermanos. Con los que decían que solo tuve suerte de que alguien me escogiera.

Cada vez, salía con más que moretones. Salía con espacio. Con silencio. Con niños que pensaban dos veces antes de hacerme esa pregunta otra vez:

¿Eres adoptado?

Nadie volvió a preguntar después de eso.

Se volvió parte de mi identidad. El duro. El que no aguantaba nada. El que golpeaba primero si tus palabras venían demasiado fuertes.

Alfredo no peleaba como yo. Era rápido—huía cuando las cosas se ponían feas. ¿Dolores? Ella sabía defenderse, sobre todo con la boca. No golpeaba, pero hería profundo.

¿Y yo? Yo peleaba porque era el único idioma que parecía funcionar.

Y tal vez, en el fondo, peleaba porque sabía que nadie más vendría a hacerlo por mí.

Incluso cuando no estaba peleando, estaba buscando.

En los pasillos. En el parque. En la fila del supermercado.

Miraba los rostros de las personas como otros niños miran el pasillo de los juguetes—esperando que, tal vez esta vez, viera algo familiar. Una mandíbula. Unos ojos con mi forma. Orejas que se salieran igual que las mías.

Algo que hiciera que el mundo tuviera sentido.

Pero nunca lo encontré.

Dondequiera que iba, era el niño que no encajaba.

Miraba mi reflejo y veía a un desconocido. No porque me odiara—sino porque nadie más parecía reclamarme. Alfredo tenía a Dolores. Dolores tenía a Alfredo. Incluso ahora tenían a Mike—prueba de dónde venían.

¿Y yo?

Yo era el espacio en blanco en un árbol genealógico.

Incluso en la iglesia, rodeado de otras familias mexicanas, me sentía como un fantasma sentado en la banca de otra persona. Los otros niños se parecían a sus papás. Las niñas a sus mamás. Los ancianos me miraban y sonreían con cortesía, pero lo veía en sus ojos:

¿De quién es ese niño?

Yo les devolvía la sonrisa. Pero por dentro, seguía buscando.

A veces, me sorprendía viendo mi reflejo en una ventana o en un espejo y me detenía, esperando ver algo nuevo.
Algo que me dijera de dónde venía.

Pero el rostro que me devolvía la mirada nunca respondía.

En algún punto, ser fuerte dejó de ser solo una forma de sobrevivir.

Se convirtió en quien yo era.

El niño que no se inmutaba. Que no lloraba. Que no le importaba lo que dijeran los demás—porque tenía puños, y sabía usarlos.

Me aferré a eso. Lo llevé como armadura. Caminaba más erguido. Reía más fuerte. Construí un muro a mi alrededor que se sentía más seguro que cualquier abrazo que no sabía si llegaría.

Me convertí en la máscara.

En el que la gente respetaba. En el que incluso los maestros empezaron a tratar diferente—como si no quisieran estar de mi lado equivocado.

Pero nadie preguntaba por qué.

Nadie preguntaba qué hacía que un niño como yo necesitara armadura tan temprano.

No veían las preguntas que aún cargaba. El dolor en el pecho cuando veía a padres e hijos que se parecían. El silencio dentro de mí cuando alguien decía: *"Tienes los ojos de tu madre"*, y me daba cuenta de que a mí nunca me dirían eso.

Aprendí a ocultarlo bien.

Tan bien, que casi me lo creí yo mismo.

Pero en el fondo, seguía siendo ese niño en la foto familiar—el que no encajaba.
El que el acta de nacimiento llamaba "Niño."
El que aprendió a golpear antes de saber de dónde venía.

Y por muchas peleas que ganara, nunca podría abrirme paso a golpes hacia el sentido de pertenencia.

# Capítulo Cinco:
## Construir y romper

Patricia llegó a mi vida como una canción cuya letra ya conocía.

No hubo un momento dramático ni una chispa que iluminara el cielo—fue más silencioso que eso. Familiar. Natural. Como encontrar un lugar donde descansar después de haber caminado demasiado. Éramos jóvenes—demasiado jóvenes para entender lo que significaba el "para siempre," pero lo suficientemente grandes para desearlo.

Nos conocimos, hablamos, reímos. Y luego, no dejamos de hacerlo.

No pasó mucho tiempo antes de que estuviéramos hablando en serio. En serio como solo los adolescentes pueden estarlo—rápido, intenso, sin frenos. No pensábamos en el mañana. Pensábamos en el ahora. En cómo se sentía ser deseado. Ser visto.

Y entonces, ella quedó embarazada.

Apenas habíamos salido de la escuela. Todavía estábamos descubriendo quiénes éramos. Pero la vida no esperó.

Cuando me lo dijo, no entré en pánico. No huí. Ni siquiera me sobresalté.

Solo dije:

—Está bien.

Porque, en lo más profundo de mí, sabía lo que se sentía ser dejado atrás. Ser no deseado. Y no iba a hacerle eso a otra persona. Mucho menos a mi propio hijo.

32

Ese hijo fue Joshua.

Cuando nació, el mundo se reordenó.

Recuerdo haberlo sostenido—pequeño, tibio, con los ojos apenas abiertos—y pensar: Ahora soy responsable de esto. No solo de sus pañales o su comida o su seguridad. Sino de su corazón. Su futuro. Su historia.

Y la verdad es que yo aún era solo un chico. No tenía respuestas. Ni siquiera tenía claro mi propio comienzo. Pero tenía amor. Y tenía coraje. Y a veces, eso es suficiente para empezar.

Patricia y yo seguimos juntos. No porque tuviéramos que hacerlo. Sino porque queríamos hacerlo.

Ella se convirtió en mi compañera—no solo para criar a un hijo, sino para construir una vida. A través del caos. A través de la presión. A través de los momentos en los que parecía que todo podía derrumbarse.

Ese fue el inicio de nuestra familia.

No perfecta. No planeada.

Pero real.

Y supe que, si quería construir algo que pudiera durar, tenía que convertirme en algo más de lo que era.

Así que tomé una decisión.

Me uní al Ejército.

No me uní al Ejército porque amara las historias de guerra.

Lo hice porque necesitaba un camino—y rápido.

Joshua acababa de nacer. Tenía una novia convertida en compañera que contaba conmigo. Y no tenía planes universitarios, ni ahorros, ni mapa. Lo que sí tenía era coraje, un cuerpo que podía aguantar golpes, y una voluntad firme para seguir adelante cuando las cosas se ponían difíciles.

Así que entré a una oficina de reclutamiento.

El hombre detrás del escritorio no tuvo que convencerme. Yo ya lo sabía. No estaba allí para averiguar. Estaba allí para enlistarme. Le dije que quería algo físico, algo que pagara de forma constante, algo que me diera dirección.

Me inscribió.

Unas semanas después, ya estaba en Fort Benning, Georgia—botas sobre grava, el cabello rapado según el reglamento, la voz ronca de gritar respuestas que apenas entendía.

El entrenamiento básico no era un juego. Pero algo en eso tenía sentido para mí.

¿Los gritos? Yo había escuchado peores.

¿Correr? Llevaba toda la vida persiguiendo algo.

¿La disciplina? Solo era otra forma de silencio.

Aprendí rápido.

Sigue órdenes. Habla solo cuando te hablen. Aguanta el dolor.

Ya había hecho todo eso—solo que de otras maneras, con otras personas.

Y cuando llegó el turno de Jump School, no dudé. Colocarme un paracaídas y lanzarme al cielo no me dio más miedo que pararme frente a un salón lleno de miradas que decían que no pertenecías. Había estado saltando a lo desconocido toda mi vida. Esta vez, al menos, alguien había empacado el paracaídas.

Cuando terminó el entrenamiento, me enviaron a Fort Irwin, California—el National Training Center.

Ahí me uní a la unidad OPFOR. Opposition Force.

Nuestro trabajo era hacer de enemigos—vestirnos con equipo ruso, hacer simulacros, y ser invencibles. Éramos la prueba que todo soldado tenía que pasar, y estábamos entrenados para no dejar que lo lograran.

Al principio era extraño. Usar el uniforme del otro bando. Hablar en frases que no eran nuestras.

Pero con el tiempo, empezó a sentirse normal.

Tal vez porque ya estaba acostumbrado a sentirme como el forastero. Como si siempre estuviera actuando un papel que no coincidía con quién era por dentro.

Pero esta vez, era bueno en eso.

Y la gente lo notaba.

En Fort Irwin, empecé a sentir algo que no sentía desde hacía mucho—respeto.

No del tipo que uno se gana a puñetazos en el recreo. No el que finges a través de la dureza o el silencio. Respeto real. Ganado con sudor, precisión y determinación.

Nuestra unidad era pequeña, pero unida. Entrenábamos duro, entrenábamos con inteligencia, y aprendimos a movernos como un solo cuerpo. Cuando eres parte de Opposition Force, tu trabajo es ser mejor que todos los demás. No solo hábil— impecable. Simulábamos al enemigo, y se suponía que debíamos ganar. Siempre.

Y casi siempre lo hacíamos.

No solo usábamos uniformes—cargábamos con el peso de los demás. Sabíamos quién corría más rápido, quién disparaba con más precisión, quién mantenía la calma bajo presión. Sabíamos quién tenía pesadillas y quién necesitaba estar solo después de una misión larga. Era una hermandad, aunque nadie la llamara así.

Ese silencio—el que me perseguía desde la infancia— empezó a tener sentido en el ejército.

No había largas charlas sobre sentimientos. Nadie preguntaba quién eras o por qué te veías diferente. No había maestros levantando una ceja por tu apellido.

Aquí, todo era simple:

¿Podías hacer el trabajo?

Si la respuesta era sí, pertenecías.

Y yo pertenecía.

Luego vino Berlín.

Esa ciudad llevaba la historia en los huesos. La tensión en el aire. No caminabas por ningún lado sin revisar a tu alrededor. No dabas nada por sentado.

Allí, hacíamos más que simulacros. Entrenábamos para escenarios reales: rescates de rehenes, secuestros, operativos antiterroristas. La mayoría ocurría en el Aeropuerto Tempelhof—una reliquia de la Guerra Fría convertida en campo de entrenamiento urbano. Registrábamos habitaciones, hacíamos entradas cronometradas, practicábamos maniobras de precisión con munición real que retumbaba por los hangares vacíos.

Una de las cosas más sorprendentes era la gente con la que te cruzabas. En papel, eran "personal de apoyo." Pero en el campo, comencé a reconocer lo que realmente eran—Delta Force.

Se movían distinto. Observaban todo. No hablaban a menos que fuera necesario. Algunos eran tipos que conocía de manera casual—hasta que empecé a conectar las piezas. Una mirada, un gesto, y lo entendía. Y, por la forma en que me devolvían la mirada, sabía que había descubierto su identidad sin querer.

Pero no había tensión—solo respeto. No dicho. Pesado.

Todos estábamos allí para hacer nuestro trabajo. Algunos a la luz del día. Otros en la oscuridad.

Y por primera vez en mi vida, no era el forastero. Era parte de algo de élite. Algo enfocado. Algo que me hacía sentir necesario.

A pesar de todo el caos que dejaba atrás—y del que vendría—esto era lo más cerca que había estado de sentir que pertenecía.

Pero incluso mientras construía un nombre en el campo, incluso cuando me sentía más fuerte y seguro que nunca, había algo debajo de la superficie. Algo inquieto. Una tensión en el pecho que no lograba ubicar.

Estaba haciendo todo bien.

Pero aún había una parte de mí que no se sentía completa.

Ese sentimiento me siguió hasta Berlín.

Berlín se sentía como el borde de algo.

Era finales de los años 80. Las tensiones de la Guerra Fría estaban en el aire, aunque la mayoría no las sentía—salvo que estuvieras apostado en la línea. Salvo que estuvieras lo suficientemente cerca del Muro como para sentir su sombra invadir tus sueños.

Fui desplegado allí después de California. Nuevas órdenes. Nuevo clima. Terreno nuevo. Pero el trabajo... la presión... eso seguía igual.

Solo que ahora, ya no eran solo simulacros.

Una noche, debía encontrarme con el Sargento Kenneth Ford—un compañero de otro batallón. Habíamos planeado tomar algo y tal vez desahogarnos en un club del centro: La Belle Discotheque.

Era tarde. Medianoche, tal vez más. Llegué justo cuando él entraba a la pista de baile—la música a todo volumen, luces girando, todos moviéndose como si el mundo exterior no existiera.

Me quedé junto a la entrada, viéndolo. Pensé en saludar. Decidí esperar a que saliera de la pista.

Y entonces todo explotó.

Un rugido, más fuerte que cualquier cosa que hubiera oído. Las paredes se agrietaron. Lluvia de vidrios. El piso debajo de la pista se derrumbó, tragándose a la gente en un instante.

Un momento antes, Kenneth bailaba. Al siguiente, ya no estaba.

Gritos. Humo. Llamas. Sirenas intentando abrirse paso entre el caos.

Y yo me moví.

No recuerdo haberlo decidido—solo lo hice.

Corrí hacia adentro, tosiendo, con los ojos ardiendo. Saqué gente. Una tras otra. Recuerdo haber levantado a una mujer con las piernas desgarradas por los escombros. Recuerdo arrastrar a un hombre cuya camisa se había fundido con su piel.

No podía ver mucho. El humo lo volvió todo negro. Me zumbaban los oídos. Me dolía el pecho.

En algún momento, algo me golpeó—un zapato, tal vez una silla, algo duro—y caí. La sangre me corría por la cara. No sabía si era mía.

Pero seguí.

Debí haber sacado a cinco o seis personas antes de colapsar en la acera, tosiendo tan fuerte que pensé que se me romperían los pulmones.

Después dijeron que fue un atentado. Que tenía algo que ver con Libia. Que era parte de algo más grande. Político.

Pero todo lo que yo sabía era que mi amigo murió en esa pista de baile.

Y una parte de mí también.

Me curaron después de Berlín.

Puntos. Vendas. Tiempo.

Pero los dolores de cabeza nunca se fueron.

No sé si fue la explosión o el peso de lo que vi esa noche, pero algo quedó dentro de mí. Una presión. Un zumbido. Como si una parte de mí nunca hubiera salido del humo.

No hablé mucho de eso. Nadie lo hacía. En el Ejército, uno sigue adelante. Para eso nos entrenaban—seguir caminando, seguir sirviendo, seguir callando.

Pero el ruido no se quedó callado dentro de mí.

Tenía sueños. El olor a quemado. Gritos. El suelo cediendo.

Me despertaba en mi litera empapado en sudor. Los puños cerrados. El pecho apretado. A veces ni siquiera recordaba el sueño—solo la sensación que dejaba.

Aun así, no me detuve.

Unos meses antes de dejar Berlín, me ofrecieron un nuevo trabajo.

—¿Quieres conducir para el G3? —me preguntaron.

El segundo al mando de la Brigada de Berlín.

Aún me quedaban seis meses de servicio. No dudé.

Me entregaron las llaves de un Mercedes blindado y pasé mis días conduciendo a un coronel de alto rango por toda la ciudad—a reuniones, informes de seguridad, visitas diplomáticas. Mi uniforme estaba impecable, mis botas lustradas, y por primera vez, sentí que no era solo otro número en la máquina— era alguien en quien confiaban. Visible. Elegido.

Era un buen puesto. La calma antes de la vida civil. Mi última misión antes de tener que descubrir quién era sin órdenes. Sin misiones.

Pero Berlín seguía siendo Berlín.

Había fantasmas en esa ciudad. Y, de vez en cuando, uno de ellos aparecía.

A veces, me asignaban turno de guardia en la prisión de Spandau.

Solo quedaba un hombre encerrado allí.

Rudolf Hess.

El antiguo lugarteniente de Hitler. Uno de los arquitectos del régimen nazi. Un hombre que voló a Escocia en 1941 en una extraña misión de paz, fue capturado, juzgado en Núremberg y sentenciado a cadena perpetua. Décadas después, seguía allí—el último prisionero en una fortaleza construida para cientos.

Recuerdo estar de pie frente a su celda, escuchando el silencio.

No se sentía como si estuviera custodiando a un hombre. Se sentía como si custodiara a un fantasma.

Estaba frágil. Viejo. Una cáscara de lo que alguna vez fue ese monstruo.

Pero aun así, el aire a su alrededor era denso—como si la historia no hubiera terminado de hablar.

Era extraño, estar allí. Pensar cuán cerca estaba de alguien que alguna vez estuvo al lado de Hitler… y cuán lejos había llegado yo desde aquel niño al que llamaron "Niño" en un acta de nacimiento rota.

Así es Berlín.

Entras pensando que eres solo otro soldado.

Y sales sabiendo que has rozado el peso del mundo.

Cuando llegó el momento de colgar el uniforme, lo hice.

Pero una parte de mí se quedó en Berlín.

Enterrada en el humo.

Después de Berlín, seguí sirviendo. Me reasignaron. Me mantuve en forma. Seguí adelante. Porque eso era lo que sabía hacer—construir hacia adelante. Colocar ladrillos sobre el dolor y llamarlo cimiento.

Tenía una esposa en casa. Un hijo que me necesitaba. Un nombre que tenía peso en mi unidad. No podía darme el lujo de romperme—no en ese momento.

Pero una parte de mí ya se había roto.

El niño que una vez se sentó al borde de una foto familiar, sin saber dónde encajaba, se había convertido en un hombre parado al borde de la guerra, sin saber ya quién era.

¿La única certeza que me quedaba?

Que todavía cargaba algo que no había encontrado dónde aterrizar.

# Capítulo Seis:
# Sangre y traición

Berlín nunca se sintió seguro—no de verdad.

Incluso antes del atentado, había una tensión en el aire, como si la ciudad estuviera conteniendo el aliento. Ciudad dividida. Gente dividida. Se te mete en los huesos con el tiempo. Te hace caminar diferente. Te hace mirar puertas y ventanas sin darte cuenta.

Estaba de guardia de nuevo—después del atentado. La tensión no se había ido. Solo había cambiado. Se había hecho más espesa.

Recibimos una orden: un soldado se había vuelto rebelde. Desaparecido. Creían que se estaba escondiendo en una parte de la ciudad a la que no debíamos acercarnos sin refuerzos.

El Stardust—un edificio sucio que antes fue un club, ahora medio abandonado y lleno de sombras.

Fui parte del equipo enviado a registrarlo.

Recuerdo las cortinas plásticas colgando sobre la salida trasera—tiras gruesas, transparentes, que se pegaban a la ropa al pasar. El olor a cigarro y concreto húmedo.

Atravesé esas cortinas y el mundo se dio la vuelta.

Eran tres.

La pelea estalló rápido—ruidosa, desordenada, con manos volando antes de que se dijera una palabra.

Yo no la empecé.

Pero la terminé.

Sacaron cuchillos.

Vi el destello antes de sentir el dolor.

Una hoja se me clavó en la espalda. Otra en el costado. Otra detrás de la rodilla.

Siete heridas en total.

Siete líneas de calor y shock dibujándose en mi cuerpo.

Pero aquí hay algo que nadie espera:

No siempre caes al suelo cuando te apuñalan.

Yo no caí.

Luché.

Y cuando terminó, no era yo quien estaba en el suelo.

Eran ellos.

Me alejé caminando.

Sangrando. Jadeando. Vivo.

Llegué hasta la carretera y me senté, con el cuerpo gritándome que me mantuviera despierto, alerta.

La sangre brotaba de las heridas—cálida y rápida.

No tenía vendas.

No tenía ayuda.

Así que me quité los calcetines y tapé las heridas yo mismo.

Me senté allí, en una calle de Berlín, metiendo calcetines en cortes profundos como si fuera lo más normal del mundo.

No porque no doliera.

Sino porque rendirse no era una opción.

Cuando llegó la ayuda, yo seguía allí—

terco, sangrando, respirando.

Vivo.

Y decidido a seguir así.

Me cosieron. Me dieron analgésicos. Me dijeron que tuve suerte.

Pero lo que no pudieron remendar fue la pregunta:

¿Por qué sigo sobreviviendo a cosas que ni siquiera debería haber tenido que vivir?

Después de que me apuñalaron en Berlín—siete veces, rápido, brutal, sin advertencia—pasé tres meses en el hospital recuperándome. Recuerdo estar allí acostado, conectado a máquinas, entrando y saliendo de conciencia, preguntándome cómo no había muerto.

Las heridas eran profundas. Una de ellas—detrás de la rodilla—cortó tendones. Hasta sentarse dolía como una humillación.

Cuando finalmente me dieron el alta, ya no estaba para marchas.

Caminaba con un bastón por un tiempo.

Arrastraba la pierna por pasillos, patios de grava, escaleras metálicas.

Lento, rígido, terco.

Pero no me rendí.

No pedí baja médica.

No dejé que las heridas decidieran quién era.

Terminé mi servicio.

Me dieron una nueva asignación—algo más liviano.

Nada muy físico. Nada que pudiera abrir lo que apenas estaba unido.

Aun así, me presentaba todos los días.

Aun así, vestía el uniforme.

Aun así, levantaba la cabeza cuando otros miraban hacia otro lado.

No fue fácil.

Tuve que enseñarle a mi cuerpo a confiar en sí mismo de nuevo—

A caminar.

A correr.

A trepar.

Poco a poco, empujé.

Volví a ponerme de pie sin el bastón.

Y cuando llegó el momento, dejé el Ejército en mis propios términos—no porque me mandaron a casa, sino porque terminé lo que empecé.

Algunas personas reciben medallas.
Algunas tienen ceremonias.

¿Y yo?

Yo recuperé mi vida.

Y para un hombre como yo, eso valía más que cualquier cinta que pudieran prender en mi pecho.

Me habían apuñalado siete veces en servicio. Todavía me ardían los pulmones cuando caminaba rápido. Me dolía la espalda cuando llovía. Me daban migrañas que se sentían como cuchillos detrás de los ojos.

Pero lo acepté todo. Había encontrado algo que me hacía sentir parte de algo más grande. Algo que no preguntaba de dónde venía. Solo preguntaba si podía cumplir. Y lo hice.

Y ahora, se había acabado.

Así nomás.

Era civil otra vez.

De vuelta a Illinois. De vuelta a la familia. De vuelta a una versión de mí que no estaba seguro de que aún existiera. Un hombre que había visto morir a personas, que había sacado cuerpos de incendios, que había mirado a los ojos a hombres que intentaban matarlo—y ahora tenía que aprender a hablar de cosas triviales en la cena.

Las medallas no importaban en casa.

Las cicatrices no te daban un lugar en la mesa.

No regresé a casa con un desfile.

Regresé al silencio.

Y ese silencio era más ruidoso que cualquier campo de batalla.

Volví con Patricia.

A nuestra casita. Nuestro hijo. Nuestra vida.

El mundo no se detuvo solo porque yo casi había muerto. El correo seguía llegando. Las cuentas seguían venciendo. Mi hijo aún necesitaba comer, jugar, ser abrazado. Patricia aún necesitaba un compañero—no un fantasma caminando en la piel de un soldado.

Y eso era al principio—medio fantasma.

No podía dormir igual. No podía entrar a lugares llenos de gente sin revisar las salidas. Me dolía la espalda constantemente. Las migrañas venían en oleadas que me dejaban tirado. Y de vez en cuando, escuchaba un sonido—un motor que fallaba, una silla arrastrándose—y volvía a Berlín. Al humo. Al fuego.

Pero nunca dije nada de eso en voz alta.

Porque, ¿qué iba a decir?

*¿Creo que dejé parte de mí en un edificio que ya no existe? ¿Creo que le tengo miedo a la paz?*

En vez de eso, intenté hacer lo que siempre había hecho—
seguir adelante.

Trabajé en lo que pude. Ayudé en casa. Sonreí en los asados.
Abracé a Joshua más fuerte de lo que él probablemente entendía.

Intenté enfocarme en construir un futuro, aunque el pasado
todavía se aferraba a mis botas.

Llamaba a mis padres todos los días.

Me reportaba.
Les contaba sobre los pequeños logros, los días difíciles, el
extraño silencio de la vida civil.

Ellos siempre estaban felices de oírme—cálidos por
teléfono.

¿Pero los niños con los que crecí?

¿Dolores y Alfredo?

Nada.

Ni llamadas. Ni cartas. Ni un "¿Cómo estás?" Ni siquiera
una tarjeta de Navidad.

Dolió más de lo que esperaba.

Porque crecimos en el mismo fuego, compartimos los
mismos secretos—y, sin embargo, cuando el humo se disipó,
parecía que ni notaron que yo no estaba.

O tal vez sí lo notaron… y simplemente no les importó.

Mis padres, eso sí—Frances y Tino—ellos intentaron.

Conducían desde Texas hasta Illinois solo para visitarme,
solo para asegurarse de que no me sintiera abandonado.

Al principio, pensé que era amabilidad.

Después, me di cuenta de que era culpa.

Porque, mientras yo estaba fuera—trabajando, sangrando, reconstruyéndome—
Tino repartía dinero como si fuera dulce.

$2,000 por aquí.
$3,500 por allá.
A veces hasta $5,000 a la semana para mis hermanos adoptivos.

Financiando sus vidas mientras yo apenas sobrevivía, intentando juntar los pedazos de mi cuerpo y mi mente.

Cuando lo supe, no me lo guardé.

Lo dije sin rodeos.
Les dije lo absurdo que era—lo mal que se sentía que el hijo que nunca pidió nada fuera dejado atrás, mientras los que solo sabían pedir seguían siendo premiados.

¿Y sabes qué?

Frances y Tino estuvieron de acuerdo conmigo.

Sabían que no estaba bien.

Dijeron las palabras.

Pero no trazaron el límite.

A veces, el amor se parece al sacrificio.

Otras veces, se parece a no querer ver la verdad cuando la tienes frente a los ojos.

Y no importaba cuántas millas recorrieran para verme—
Había millas entre nosotros que nunca supieron cómo cruzar.

A veces, lo más valiente que puedes hacer es dejar de perseguir a quienes nunca se dieron la vuelta.

En el silencio que vino después—después de la distancia, de soltar—encontré el camino de regreso a algo que nunca me traicionó.

La música.

Mi forma de tocar la guitarra despegó como nunca antes. Como si cada cicatriz hubiera afinado las cuerdas con más fuerza. Como si la parte de mí que había sido tiroteada, apuñalada, ignorada y silenciada por fin hubiera encontrado su voz.

Empecé a escribir. No solo canciones—álbumes enteros.

Una vez, escribí un repertorio completo de música y letras en cinco días para un amigo, el Coronel Perry Sullivan, un piloto retirado de la Fuerza Aérea que estaba escribiendo un libro sobre su padre—*Lost Flowers*, la historia de carreras de licor clandestino y cacerías de sabuesos en los bosques de Carolina.

Le entregué todo lo que tenía al proyecto. Porque en esa música, no solo estaba contando su historia—también estaba contando la mía.

# Capítulo Siete:
# Fuego y huida

No todas las guerras ocurren en un campo de batalla.

Algunas ocurren en caminos de tierra, en desiertos, en los momentos quietos después de haber regresado a casa pero no haberte asentado del todo.

Estas historias—las salvajes, torcidas, del tipo *¿eso en serio pasó?*—no encajan bien en ninguna caja. No están en los archivos. No están en las medallas. No salen en entrevistas de trabajo ni en cenas familiares.

Pero son parte de quién soy.

Después del Ejército, la vida no se volvió más lenta. Se volvió más extraña. Más ruidosa. A veces, más peligrosa.

La gente cree que una vez que te quitas el uniforme, la adrenalina se detiene. El caos se disipa. Pero para mí, fue solo una nueva clase de misión—sobrevivir, mantener la cordura y, si era posible, reírme un poco en el camino.

Así que esto es lo que recuerdo.

No porque lo haya planeado.
Porque sobreviví.

Se suponía que sería un viaje de cacería.

Max Rahn, mi amigo de Fort Irwin, y yo lo habíamos planeado como una operación militar—equipo empacado, armas revisadas, ruta memorizada. Íbamos tras chukars, esos pájaros gordos y veloces que vivían en lo más profundo del Mojave. Como codornices, pero más agresivas.

Salimos tarde—bien tarde. Queríamos estar a dos horas en el desierto para cuando empezara a salir el sol.

Estaba oscuro. Frío. Silencioso.

Estábamos muy lejos del pavimento cuando vimos las huellas de neumáticos.

Esa fue la primera señal de alerta. Allá, tan lejos de todo, no ves señales de vida a menos que alguien tenga una razón para esconderse. Y esas huellas eran recientes. Las seguimos.

Finalmente, el rastro llevó hasta una vieja furgoneta hippie destartalada, estacionada junto a unas enormes rocas del desierto.

Entonces lo oímos.

Una voz de mujer.

—*Ayuda.*

Débil. Rota. Solo una palabra, pero fue como una bofetada.

Nos detuvimos a unos cuarenta metros. Salimos. Nos quedamos completamente quietos.

Entonces se abrió la puerta de la furgoneta.

Y un hombre muy alto salió—completamente desnudo. Sin ropa. Solo un rifle de alto calibre en las manos. Como salido de una pesadilla.

No dijo ni una palabra. Solo levantó el arma y empezó a disparar.

Max se tiró detrás de la puerta del conductor. Yo me lancé al suelo. Las balas rasgaban el aire, atravesaban la camioneta, rompían el parabrisas, explotaban las ventanas como si fueran latas de refresco. Estábamos superados en armas y en posición.

Max devolvió el fuego con su pistola. Luego me lanzó la escopeta.

Estaba cargada con perdigones—no ideal contra un hombre con un rifle de francotirador, pero era lo que teníamos.

Me levanté, apunté hacia el destello y jalé el gatillo.

Le di. Lo vi tambalearse. Niebla roja en su pecho y brazos. No cayó, pero se detuvo. Lo suficiente para que Max saltara al camión.

—¡Sube! —gritó.

Me lancé por la puerta del pasajero. Él agarró el volante, yo pisé el acelerador.

Salimos de ahí volando, los dos acostados en el asiento, las balas zumbando sobre nuestras cabezas, los vidrios aún cayendo del techo. Una bala perforó la manga de mi chaqueta, rozando mi hombro por centímetros.

Manejamos dos horas por el desierto, heridos, temblando y furiosos. Llegamos a Victorville, encontramos el puesto de la ley más cercano y presentamos un informe.

Después, nos dijeron lo que habíamos interrumpido.

El hombre estaba violando a la mujer en la furgoneta cuando llegamos.

No la salvamos porque fuéramos héroes.
La salvamos porque estábamos cazando *chukars* y tomamos el camino equivocado en el momento correcto.

Max estaba furioso—su camioneta acababa de recibir un trabajo de pintura ese mismo día. Ya no tenía vidrios. La carrocería estaba llena de agujeros.

Pero estábamos vivos.

¿Y el tipo?

—*Lleno de perdigones,* dijeron.

Eso era suficiente para mí.

Faltaba poco para el Cuatro de Julio, el desierto estaba seco y yo me sentía inquieto.

Así que hice lo que siempre hacía cuando el mundo se ponía demasiado silencioso—lo agitaba.

Mi esposa, Evette Hoy (la esposa de otro soldado), y yo nos subimos al Chevy Chevette y nos lanzamos al Mojave. Un paseo casual hacia la nada. Las chicas estaban muy embarazadas, con las panzas redondas y llenas de vida nueva, pero eso no nos detuvo.

Llevaba conmigo un pequeño kit de fiesta. Nada loco. Solo un par de simuladores de artillería, unas granadas de destello y—bueno—una granada real.

Estábamos a kilómetros de cualquier cosa cuando la vimos.

Una fogata, ardiendo grande a lo lejos, muy lejos de la carretera.

Docenas de chicos—seguramente locales. Bebiendo, lanzando fuegos artificiales, con música. Parecía una escena de comercial de cerveza. Supuse que no les importaría un poco de emoción extra.

Así que pregunté:
—¿Quieren ver algo genial?

Dijeron que sí.

Lancé el primer simulador de artillería. ¡Boom! Saltaron. Rieron.

Luego la granada de destello—una explosión blanca y cegadora. Ahora sí se pusieron nerviosos.

Y entonces saqué la real.

Tiré de la anilla. La lancé justo al borde de la fogata.

Cayó.
Tic.
Voló todo el maldito fuego al infierno.

Los troncos salieron disparados. Chispas iluminaron el cielo. Los chicos gritaron y corrieron como si hubiera estallado una bomba—porque estalló una.

Me di vuelta hacia el auto, más tranquilo que nadie, y dije:
—Bueno, vámonos.

Nos reíamos. Mi esposa estaba entre preocupada y muerta de risa. Evette no dejaba de decir:
—Ernesto, ¿qué demonios acabas de hacer?

Estábamos a unos cientos de metros de la autopista cuando pasó.

Dos SUVs grandes—quizá Suburbans—se cruzaron en la carretera y nos bloquearon el paso.

Se bajaron unos tipos.

No llevaban uniforme, pero tampoco eran solo fiesteros.

—¿Saben algo sobre explosiones esta noche en el desierto?

Le pasé mi six-pack de cerveza a mi esposa y le susurré:
—Escóndelo debajo del vestido.

Y lo hizo.

Miré a los tipos y me encogí de hombros.

—Esa fiesta estaba fuera de control, compa. Nosotros solo intentábamos irnos.

Nos miraron.
Miraron a las mujeres.
Miraron el polvo en el Chevette.

Y nos dejaron ir.

Me metí a la carretera principal, apagué las luces y pisé a fondo.

Para cuando llegamos a casa, deslicé el auto bajo el cobertizo, apagué el motor—y fue entonces cuando lo escuché.

*Chop-chop-chop.*

Un helicóptero. Uno grande. Con un reflector buscando en el vecindario.

Se quedó flotando encima de nosotros por un minuto, con la luz rebotando sobre nuestro techo.

Y luego se fue.

Nos quedamos sentados ahí, con el corazón a mil, las ventanas abajo, la cerveza escondida bajo el vestido de mi esposa.

Yo lo llamé un escape por poco.

Otros lo habrían llamado de otra forma.

¿Yo?
Yo lo llamé una buena historia.

A través de toda la locura—balas, bombas, momentos al borde—siempre volví a una sola cosa.

La música.

Fue el primer idioma que entendí, antes de que el mundo se volviera complicado.

Cuando era niño, tocaba la batería—hacía ritmos en sillas de plástico, mesas, cualquier cosa que hiciera eco. En la escuela, aprendí a tocar el saxofón. Toqué en bandas, desfilé en paradas. Era estructura y caos al mismo tiempo. Igual que yo.

Y cuando regresé de Berlín—con puntos sanando y los nervios en carne viva—mi guitarra se convirtió en lo único que tenía sentido.

No leía música. No me hacía falta.

La sentía.

Cada acorde era un recuerdo. Cada letra, algo que nunca había dicho en voz alta.

Algunos ahogan su trauma en una botella.
Yo lo vertía en cuerdas.

Después del servicio, empecé a escribir. Al principio, solo un poco. Luego más. Cuando me di cuenta, ya tenía un montón de canciones y un sonido que era completamente mío—áspero, honesto, lleno de alma y de tierra.

Un día, me llamó un amigo—el coronel Perry Sullivan, ex Fuerza Aérea. Dijo que estaba escribiendo un libro sobre su padre, Percy Flowers, un corredor legendario de *moonshine* y cazador de sabuesos en Carolina del Norte.

Me preguntó si podía escribir música para acompañarlo.

Le dije:
—Dame cinco días.

Y lo hice.

Un álbum entero. Letras. Guitarra. Toda la historia envuelta en melodía.

Porque la música nunca fue solo un pasatiempo.

Fue mi forma de sobrevivir.

Allá afuera, en los pantanos, en los campos de tiro, en los polvorientos terrenos de entrenamiento, conocí músicos de todos los rincones del país. Sacábamos las guitarras a la luz del fuego. Compartíamos versos. Intercambiábamos historias. Tocábamos hasta que los mosquitos se cansaban.

Eso era mi iglesia.
Eso era mi terapia.

Y siempre me recordaba a Tino, mi papá. A la manera en que tocaba la guitarra en casa—callado, sin lucirse, pero con el alma en cada nota.

Esa parte de él vive en mí.

No importa lo que haya perdido—familia, amigos, conexión—la música es mía.

Y todavía lo es.

La gente pregunta cómo logré atravesar todo lo que he vivido. La guerra. La calle. El desierto. La casa de donde vengo.

Les digo la verdad:

Instinto.

Algunos nacen con suerte.
Algunos nacen genios.
¿Yo?
Nací observando. Escuchando. Leyendo personas, terreno, silencios.

Ya fuera en una trinchera, manejando un coronel por Berlín, encarando a un hombre desnudo con un rifle, o escondiéndome de helicópteros con cerveza bajo la panza de mi esposa—yo confiaba en mi intuición.

Nunca me mintió.

Y cuando susurraba, yo escuchaba.

Hubo noches en las que un segundo de duda me habría dejado desangrándome en la arena. Momentos en los que otro se habría congelado—pero yo me movía. Corría. Manejaba. Respondía con fuego.

No era miedo.
No era valentía.

Era algo más profundo.

El tipo de instinto que solo se gana cuando creces sin ser deseado y pasas tu vida entera ganándote el derecho a existir.

El mundo me miraba como si se suponía que yo debía desaparecer.

No lo hice.

En vez de eso, le toqué música en la cara. Me reí en medio del desierto. Escribí canciones con el dolor. Sobreviví a cosas que deberían haberme matado—y lo hice sin perder el fuego.

No fue suerte.

## Fuego y huida

Estaba preparado.
Siempre.

# Capítulo Ocho:
# Descubriendo el nombre

Nunca esperé respuestas.

No de verdad.

Cuando creces siendo adoptado y nadie habla del tema—de verdad habla—empiezas a creer que el silencio es permanente. Que no es solo falta de información, sino un muro construido a propósito.

Pero después del Ejército, después de la música, después del caos de esos años salvajes tras el servicio, algo cambió.

Tal vez fue la edad.
Tal vez fue la paternidad.
Tal vez simplemente era hora.

Quería saber.

No solo qué pasó. No solo el dónde o el cuándo. Quería saber quién era yo antes de que me dieran un nombre.

Así que empecé a buscar.

Sin drama. Tranquilamente. A mi propio ritmo.

Me comuniqué con *Catholic Charities*—la misma organización que me colocó con Frances y Tino.

Al principio, fue como sacar muelas. Archivos sellados. Expedientes extraviados. Gente "no autorizada." Igual seguí llamando.

Luego llamé a hospitales. Oficinas del condado. Departamentos de registros civiles. Cualquier lugar que pudiera tener una hoja con algo—lo que fuera.

No estaba persiguiendo una fantasía. No esperaba un reencuentro entre lágrimas ni que una madre perdida corriera entre la niebla hacia mí.

Solo quería la verdad.

Aunque doliera.
Aunque estuviera incompleta.

Porque el silencio con el que crecí no era neutro—tenía peso. Tenía presión. Y ya estaba cansado de cargarlo.

Así que seguí.

Una llamada a la vez.
Un formulario a la vez.

Hasta que empezaron a salir pedazos a la superficie.

El primer avance real llegó como suelen llegar las verdades—de forma pequeña, sencilla, y contundente.

Me enteré de que me habían encontrado.

No en un hospital. No en una clínica. Ni siquiera en manos de desconocidos.

Me descubrieron en una casa abandonada.

Un hombre—un desconocido—me encontró allí. No sé por qué estaba allí o cómo me oyó. Tal vez estaba llorando. Tal vez simplemente tuve suerte.

Llamó a la policía.

Vinieron. Me llevaron bajo custodia. No había padres a la vista. Nadie que reclamara por mí. Ningún nombre registrado.

Solo un bebé.

De tres o cuatro meses.
Desnutrido. Débil. Sin acta de nacimiento. Sin número de expediente que llevara a algo significativo.

Me entregaron a *Catholic Charities*.

Y ahí entraron Frances y Tino.

No estaban buscando un bebé—no exactamente. Pero *Catholic Charities* los contactó y les dijo: "Tenemos un niño que necesita un hogar."

Y dijeron que sí.

Me recibieron.
Me dieron un nuevo nombre.
Me criaron.

Y durante mucho tiempo, eso se suponía que era el final de la historia.

Pero años después—cuando ya era adulto, mucho después de haber dejado la casa—dos tías diferentes me dijeron lo mismo:

"Te encontraron en una casa. Completamente solo."

Ninguna de ellas se conocía bien. Ninguna tenía nada que ganar con esa historia. Pero lo dijeron como si fuera conocimiento común. Como si siempre hubiera sido parte del folclore familiar—solo que nunca me lo habían contado a mí.

"Te abandonaron."

No lo dijeron para herirme.
Lo dijeron como un hecho.

Y en ese momento, supe que tenía que ser verdad.

Porque si dos personas de lados distintos del mismo árbol torcido conocían la misma raíz…

Entonces esa raíz era mía.

# Descubriendo el nombre

Llegó por correo, metido en un sobre que se sentía demasiado delgado para cargar algo tan pesado.

El papel era viejo—fino, ligeramente amarillento en los bordes, como si hubiera estado esperando mucho tiempo para ser leído.

Lo extendí sobre la mesa, alisé las esquinas y lo miré como si pudiera hablar.

Pero lo primero que vi no fue un nombre.

Fue un espacio en blanco.

Justo donde debería haber un nombre, donde en todos los certificados de nacimiento en todos los archivos de Estados Unidos dice John o Melissa o Daniel, el mío decía:

**Niño.**

Eso era todo.

Sin nombre. Sin apellido.

Sin lugar de nacimiento. Sin hora registrada.

¿Y la parte donde debía aparecer el nombre de mi madre?

Rasgada.

No tachada.
No dejada en blanco.
Rasgada.

Como si alguien hubiera arrancado físicamente su nombre del papel. Como si pudiera deshacerme simplemente borrándose a sí misma.

Ya no se sentía como papel. Se sentía como un veredicto.

Me quedé allí mucho tiempo, sosteniendo la prueba de algo que siempre había sentido, pero nunca había visto:

Que llegué a este mundo sin ser reclamado.

No registrado.
Olvidado por quien debió haberme sostenido primero.

Sin manta. Sin foto. Sin historia heredada.

Solo: **Niño.**

Los documentos lo confirmaban todo—lo que me habían dicho, y lo que nunca dijeron.

Fui abandonado.

No metafóricamente. Literalmente.

Encontrado en una casa. Llorando. Solo. Sin un nombre al cual responder.

Hay algo extraño en ver la verdad impresa.

No grita. No acusa. Solo está ahí, quieta. Permanente.

Ese certificado de nacimiento no me dio consuelo.

Me dio claridad.

Durante años, intenté llenar los espacios en blanco. Imaginaba de dónde venía, quién podría haber sido mi madre, cómo me llamaba antes de que me dieran un nuevo nombre.

Pero la verdad era más fría—y más clara.

No tenía nombre.

No me nombraron y luego me dieron en adopción.

Nunca me nombraron.

Y, de alguna forma, eso se sintió como lo más honesto que había aprendido en la vida.

Porque todo lo demás siempre venía con condiciones. Amor que había que ganarse. Familia que desaparecía cuando las cosas se ponían difíciles. Sonrisas que se apagaban tras puertas cerradas.

¿Pero esto?

Esto era un hecho.

No fui reclamado.
No fui recordado.

Pero estoy aquí.

Sobreviví a zonas de guerra, peleas de bar, tiroteos en el bosque y silencios en la mesa. Crié una familia, enterré amigos, escribí canciones que contenían dolores que nadie más podía cargar por mí.

Y lo hice con un nombre que no nació conmigo, sino que fue fruto de mi resistencia.

**Ernesto Cuevas.**

Ese no fue el nombre con el que nací.

Porque no nací con uno.

Es el nombre con el que sobreviví.

Y lo llevaré hasta el final.

# Capítulo Nueve:
# Encontrado y olvidado

Todo comenzó con un programa de televisión.

*The Locator*. Uno de esos docuseries que ayudaban a la gente a encontrar familiares perdidos—madres, padres, hermanos, incluso amigos de la infancia que se habían desvanecido con el tiempo. De esos programas donde la gran revelación siempre terminaba en abrazos, lágrimas y una banda sonora feliz.

Solía verlo tarde en la noche, preguntándome cómo sería ser el que era encontrado.

Pero esa no era mi historia.

Yo no era el que la gente estaba buscando.
Yo era el que había sido dejado atrás.
Escondido.

Aun así, el programa se me metió bajo la piel. Despertó algo.

Después de que terminaba, me quedaba buscando. Al principio en silencio. No sabía bien qué esperaba encontrar—solo que el no saber se estaba volviendo más fuerte que cualquier otra cosa en mi vida.

Empecé con lo poco que tenía: unos cuantos pedazos de información, un certificado de nacimiento rasgado y un vago recuerdo de que alguien, en algún momento, había dicho que el apellido de mi madre podría haber sido **De Los Santos**.

Así que me metí en internet.

Encontré un pequeño sitio de genealogía que ayudaba a rastrear apellidos—nada sofisticado, pero era un comienzo. Busqué *De Los Santos* y encontré un puñado de personas que podrían estar relacionadas.

Y entonces me senté y escribí cartas.

No correos electrónicos. Cartas de verdad. Página tras página, preguntando una sola cosa:

**"¿Conocen a una mujer de Ohio que pudo haber tenido un hijo en 1963?"**

La mayoría respondió amablemente, diciendo que no.

Pero algunas respuestas insinuaban algo más.

—"Nunca escuchamos nada sobre un bebé…"
—"Ella se fue por un tiempo, pero nunca dijeron por qué…"
—"Si estuvo embarazada, lo mantuvo en secreto."

No hubo confirmaciones.
No hubo confesiones.
Solo sombras.

Pero las sombras significan que algo estuvo ahí.

Y ahora necesitaba más que suposiciones.

Necesitaba respuestas.

Para el año 2015, ya había tocado fondo.

Las cartas ayudaron. Abrieron puertas. Pero no me dieron lo que necesitaba. Todavía no tenía nombres. Rostros. Conexiones frente a las cuales pudiera pararme y decir: *yo vengo de aquí.*

Así que busqué a alguien que sí pudiera.

Era una investigadora privada de Long Beach, California. Aguda. Profesional. No ofrecía simpatía—solo resultados.

—"Cinco días," dijo. "Encontraré a tu familia en cinco días."

Lo hizo en tres.

Reuní el dinero—$1,500, lo cual no era fácil en ese momento. Pero esto no se trataba de si podía pagarlo. Se trataba de cerrar de una vez por todas esas preguntas.

Sus resultados llegaron rápido y fuerte:

**"El apellido de tu madre biológica es De Los Santos."**

Confirmó los rumores, las cartas, los cabos sueltos que había estado siguiendo todo ese tiempo. De repente, era real. Tangible. Y no se detuvo ahí.

Me dio nombres, direcciones, ubicaciones. Una lista de personas con lazos de sangre—personas que habían caminado por este mundo todos estos años sin saber que yo existía.

Y entonces—enterrado entre esa lista—apareció algo que me hizo recostar en la silla y quedarme mirando:

**Encontró a una hermana.**

Tenía una hermana.

La investigadora encontró su nombre. Su apellido de casada. Su última dirección conocida. Incluso el nombre de su hijo—un hombre llamado **Allen Reynolds**.

Por un momento, me quedé ahí sentado.

No porque no lo creyera.

Sino porque sí lo creía.

Porque una parte de mí siempre supo que tenía que haber alguien más allá afuera cargando las mismas piezas faltantes.

No esperé mucho.

Fui en busca de Allen.

La investigadora me dio un nombre: *Allen Reynolds*. Era el hijo de mi hermana. Mi sobrino.

No sabía cómo lucía. No sabía qué tipo de vida tenía. Ni siquiera sabía si sabía que yo existía. Pero tenía un nombre, y a veces eso es todo lo que se necesita.

Empecé a preguntar—con cuidado, en silencio. Encontré a alguien en la zona de Ashland, Ohio, que dijo:

—"No conozco a Allen personalmente, pero creo que sé dónde vive."

Me señaló un lugar cercano—una tiendita de campo llamada **Olivesburg General Store**.

Así que hice lo que haría cualquiera en el siglo XXI.

Busqué la tienda en Google.

Y sí, tenía presencia. Página de Facebook. Un número.

Llamé.

Contestó una mujer—amable, curiosa, un poco escéptica cuando le conté lo que estaba haciendo. Le expliqué a quién estaba buscando. Por qué lo buscaba. Me escuchó.

Y luego dijo algo que nunca olvidaré:

—"Creo que conozco a Allen Reynolds. Somos amigos en Facebook."

Le pregunté si estaría dispuesta a enviarle un mensaje por mí. Solo para decirle que estaba buscando. Que tenía una pregunta. Que tal vez—solo tal vez—esto no era un error.

Lo hizo.

Y dentro de la hora, sonó mi teléfono.

Era Allen.

Sonaba sorprendido. Precavido, pero sin miedo.

—"¿Perdón… tú eres quién?"

Se lo conté. Despacio. Todo lo que sabía. El nombre. La búsqueda. La investigadora. Su madre—mi hermana.

Hubo una larga pausa. Luego un suspiro, como si algo se desbloqueara en tiempo real.

—"Nunca me dijeron que tenía un tío."

Hablamos por mucho tiempo. Nada pesado al principio. Solo lo básico. Voces. Vibra. Tanteando el terreno. No se cerró. Hizo preguntas. Quería saber más.

Seguimos en contacto durante los meses siguientes.

Eventualmente, lo conocí en persona.

Y luego—por fin—conocí a su madre.

Mi hermana.

La que había vivido una vida entera en paralelo a la mía. Una mujer con mi sangre que nunca supo que yo existía, respirando el mismo aire.

Después de conocer a Allen y a mi hermana, el camino se abrió aún más.

Ahora conocía el apellido—**De Los Santos**—y tenía rostros que lo acompañaban. Pero quería más. Quería mirar a los ojos de personas que tal vez recordaran algo. Que pudieran decir: *"Sí. Lo sabíamos."* O tal vez: *"No lo sabíamos... pero nos alegra que nos hayas encontrado."*

La siguiente conexión llegó a través de un hombre llamado **George De Los Santos**—un primo.

No solo se puso en contacto—tomó un avión y voló desde Texas a Virginia para conocerme cara a cara.

Nos sentamos como si siempre nos hubiéramos conocido. No hubo incomodidad. No hubo tanteo. Me miró y dijo:

—"Tienes nuestra sangre. Lo veo."

Le creí.

Unos meses después, volé a Laredo, Texas—la casa de George.

Encontrado y olvidado

Ahí fue cuando realmente comenzaron los reencuentros.

Conocí primos, tías, incluso parientes lejanos que solo habían oído hablar de mí en susurros. Había curiosidad, sí. Pero no juicio. No rechazo.

No me pidieron explicaciones. Me preguntaron *dónde había estado*.

Y entonces conocí a **Irma**.

Mi tía. Pero no cualquier tía—**"La Reina del Tamal"** de Laredo. Así la llamaban todos. Tenía un negocio de tamales y una presencia que llenaba la habitación antes de que dijera una palabra.

Me abrazó con intención. Me alimentó como si ya fuera parte de ella.

No hubo fingimiento. No hubo cautela. Solo pertenencia.

En una reunión familiar, alguien señaló al otro lado del patio y dijo:

—"¿Ves a ese tipo? Ese es Gary De Los Santos."

Parpadeé. *¿Ese* Gary?

**El Texas Ranger.** El que había visto en la televisión durante años—casos, entrevistas, noticias. Un ícono en el estado. Respetado. Reconocido.

Y ahora, estaba parado a seis metros de mí.

Un hombre que había observado desde lejos… ahora era familia.

Se sintió como un truco. Como si el mundo se hubiera doblado sobre sí mismo para hacerme un espacio al fin.

Porque por primera vez, no estaba de pie afuera, mirando hacia adentro.

**Estaba en la foto.**

Y nadie me pidió que me saliera.

Esperé mucho tiempo antes de llamarla.

No por miedo. Por precaución.

Había encontrado a la familia. El apellido. La hermana. El sobrino. Los primos. Todos confirmaron lo que había pasado la vida entera preguntándome.

Pero **ella**—la mujer que me dio la vida—seguía siendo un fantasma.

Y los fantasmas no siempre quieren ser encontrados.

Su nombre me llegó a través de la investigadora. Su número, también. Vivía una vida tranquila, lejos de donde me habían dejado. Y tenía todas las razones para creer que sabía exactamente quién era yo.

Aun así, fui cuidadoso cuando llamé.

Me presenté con suavidad. Le dije mi nombre. Le hablé de *Catholic Charities*. De la adopción. Del certificado de nacimiento rasgado. Del nombre que nadie me dio.

Ella escuchó.

Y luego dijo:

—"No sé quién eres."
—"Te has confundido de persona."
—"Nunca tuve otro hijo."

No discutí.

Pero sabía que estaba mintiendo.

Intentó desviar la culpa—dijo que tal vez yo pertenecía a su hermana gemela.
Dijo que debía haber alguna confusión.

Pero yo ya había hablado con su hijo. Con mi hermana. Ya había conocido a primos, sostenido fotos familiares en mis manos. Las personas que mejor la conocían sabían la verdad.

Y eventualmente, ella también.

Su esposo—**Larry**—habló. Le dijo que debía decir la verdad.

Hubo una pausa.
Y luego, con la voz más baja que jamás he escuchado para describir a un hijo propio, ella dijo:

—"Sí. Tuve un bebé. Pero nunca le puse nombre."

Eso fue todo.

Sin disculpas.
Sin preguntas.
Sin un *¿Por qué me llamaste?* o *He pensado en ti todos estos años.*

Solo ese dato frío.

Como un nombre susurrado en un cañón… y que nunca vuelve en eco.

Colgué el teléfono.

Ya no había nada más que decir.

Ella lo admitió—pero solo cuando los hechos la acorralaron. Los nombres. Las voces que ya no podía negar. Y aun así, no preguntó por mí. No quiso saber quién me había convertido en este hombre. No dijo las palabras que, incluso después de todo, una parte de mí todavía esperaba.

No hubo un "Lo siento."
Ni un "Recuerdo tu cara."
Ni un "Me preguntaba qué había sido de ti."

Y aun así, no sentí rabia.

Sentí cansancio.

Porque ya lo había sobrevivido una vez.

Ser abandonado de bebé es algo que no recuerdas—pero lo llevas contigo igual. Lo llevas en la forma en que dudas del amor de los demás. En cómo te quedas callado cuando estás herido. En cómo te miras al espejo y te preguntas, *¿Alguien me habría querido si me hubiera conocido?*

¿Pero ser negado como hombre?

Eso es distinto.

Porque ahora tenía un nombre. Una vida. Una familia propia. Ya no lloraba en una casa abandonada—estaba firme sobre tierra sólida. Y aun así, ella me miraba como si fuera un rumor.

Su hermano, **Carlos**, un coronel retirado del Ejército, me llamó después.

Había oído lo que pasó.

—"Ella ha tenido una vida difícil," dijo. "Por favor… intenta ser comprensivo con ella."

Y quise decir que lo entendía.

Pero la verdad es que no necesitaba ser comprensivo.

Necesitaba terminar.

Así que la dejé ir.

Sin ira.
Sin rencor.
Sin esperar que alguna vez encontrara el camino de regreso hacia mí.

La había conocido.
Había escuchado su voz.
Le di la oportunidad.

Ella me dio la vida—pero nunca me dio nada más.

Ni un nombre.
Ni una despedida.
Ni siquiera un momento.

Y aun así…

**Existía.**

Siempre existí.

# Capítulo Diez:
# La otra mitad de la historia

No crecí preguntándome por mi padre.

No por el que me crió—Tino Cuevas—sino por el hombre cuya sangre me marcó desde el principio. Durante la mayor parte de mi vida, fue un vacío. Una pregunta que nadie hacía. Una sombra sin forma.

Eso cambió un día en el supermercado.

Mi madre biológica—después de años de negación— finalmente me dio un nombre:

Larry Ewing.

Ese era él. Mi padre.

El nombre golpeó fuerte, como una piedra rompiendo el cristal. No porque lo explicara todo, sino porque confirmó algo que siempre había llevado en lo más profundo: él había existido. Alguien estuvo ahí al principio, aunque no se quedara.

No me detuve ahí.

Hice lo que siempre hago cuando el mundo se queda en silencio—investigué.

Me hice una prueba de ADN. No para demostrar que ella estaba equivocada, sino para comprobar la verdad por mí mismo.

Y el resultado fue claro.

El nombre coincidía.

Me conecté con miembros de la familia *Ewing*—sus parientes. Su hermana, su sobrino. Me recibieron con amabilidad. Sin juicios. Solo con apertura.

Y entonces vino el giro más profundo.

Larry tenía un hermano.

También fallecido.

Y cuando conocí a los hijos de ese hermano—mis primos de Nebraska—me miraron y dijeron algo que me dejó helado:

"Te pareces exactamente a nuestro papá."

No *un poco*.
No *tal vez*.

Exactamente.

Eso lo cambió todo. El tiempo. El ADN. El rostro en el espejo.

¿Podría ser que Larry no fuera el Ewing correcto?

Incluso ahora, no lo sé con certeza.

Solo sé que uno de esos hermanos me dio la vida—y que ambos ya no están.

Larry, el hombre que mi madre nombró, fue veterano de Vietnam.

Sirvió en Vietnam. Volvió a casa. Y se quitó la vida.

Eso fue lo primero que supe.

Pero luego, mi tía—su hermana—me contó algo para lo que no estaba preparado.

Dijo que Larry no solo luchaba por la guerra. Luchaba mucho antes.

Creció en un hogar violento.

Su padre—mi abuelo—era abusivo.

Cruel sin motivo.

Golpeaba a Larry sin razón.

Le hacía quedarse quieto con latas de cerveza sobre la cabeza...

...y luego se las disparaba.

Eso no es disciplina.

Eso es convertir a un niño en blanco de tiro.

Ella dijo que Larry nunca se recuperó.
Ni de esa casa.
Ni de la guerra.

Era como si el daño hubiera comenzado en su propio hogar, y luego se selló en sus huesos en el extranjero.

Cuando volvió de Vietnam, ya estaba cargando demasiado.

Y eventualmente, eso lo derrumbó.

Estuve mucho tiempo sentado con esa historia.

Yo también fui a la guerra. Conozco ese silencio. Ese peso. Esa espiral de la que nadie habla, a menos que la haya vivido.

No me hizo sentir lástima por él.

Me hizo entenderlo.

Éramos ambos hijos de guerra. Ambos cargando cosas que nadie más podía ver.

Él no lo logró.

Yo sí.

Pero nunca he dejado de preguntarme qué parte de mí vino de él.

Después de confirmar a Larry Ewing como mi padre biológico—o posiblemente su hermano—la siguiente puerta se abrió de forma casi natural.

Comencé a contactar al lado *Ewing* de la familia.

Todo empezó con un nombre. Luego otro. Primos. Tías. Personas que nunca imaginé encontrar, y mucho menos escuchar del otro lado del teléfono diciendo:

"Nos alegra que nos hayas encontrado."

Eso, por sí solo, significó más de lo que puedo expresar.

¿La parte más inesperada?

La amabilidad.

No hubo sospecha.
Ni un "¿Estás seguro?"
Ni distancia emocional.

Conocían a Larry. Conocían a su hermano. Y cuando envié fotos, la respuesta fue instantánea:

"Te pareces exactamente a nuestro papá."

Eso lo dijeron los hijos del hermano de Larry—mis primos en Nebraska.

Ni siquiera les había dicho lo que me habían contado. Solo los dejé mirarme.
Y lo vieron.

La misma cara. Los mismos ojos. La misma complexión.

—"Es como si hubieras salido de una de nuestras viejas fotos familiares."

No estaban tratando de convencerme de nada.

Solo estaban reconociendo lo que veían.

Ese tipo de claridad—no provocada, pura—no ocurre a menudo en historias como la mía.

Construimos algo después de eso.

No una reunión completa. Pero una conexión.

Nos mantenemos en contacto. Compartimos historias. Fotos. Mensajes de cumpleaños. Ese tipo de cosas familiares normales que, para mí, no se sienten nada normales.

Aún no los he conocido a todos en persona. Pero ahora sé sus nombres.

Y más que eso—sé de dónde vengo.

No solo biológicamente.

Emocionalmente.

Porque cuando alguien te mira y dice, *"Te pareces a alguien que amé"*, no importa qué tan tarde llegaste a la historia.

Igual perteneces a ella.

La verdad ya estaba escrita en sus rostros—pero yo necesitaba algo concreto.

Así que me hice la prueba de ADN.

No por ellos.

Por mí.

Por el niño que fue registrado como "Niño" en un acta de nacimiento sin nombre, sin madre, sin registro más allá de haber sobrevivido.

La prueba confirmó lo que ya sabía en mis huesos:

Yo era familia.

De los De Los Santos, por parte de madre. De los Ewing, por parte de padre.

La conexión era clara. Sin espacio para dudas.

Y aun así, la historia no era sencilla.

Porque Larry tenía un hermano, y los hijos de ese hermano vieron a su padre en mí.

La misma complexión. La misma sonrisa.

La misma quijada terca que no se mueve, ni siquiera bajo luz dura.

Y aunque nunca conocí a ninguno de esos hombres, el parecido contaba su propia historia—una escrita en hueso y aliento, no en recuerdos.

Hay algo inquietante en mirar una foto de alguien que nunca conociste... y ver tu propio rostro devolviéndote la mirada.

Así fue.

Ninguna línea de tiempo podría explicarlo mejor que eso.

Ninguna prueba puede superar el momento en que un primo me miró y dijo:

"Eres de los nuestros. Siempre lo supimos."

En cuanto a mis medios hermanos por parte de padre— ellos saben quién soy.

No he hablado con ellos.

No han llamado.

No hay cartas. No hay mensajes. Solo una conciencia mutua, como nombres tallados en lados opuestos de una puerta que ninguno ha abierto todavía.

Y ya estoy en paz con eso.

Ellos no me deben nada.

Pero la puerta sigue ahí.

Tal vez algún día se abra.
Tal vez no.

De cualquier forma, no estoy esperando.

Porque la parte de mí que necesitaba pruebas, ahora las tiene—en el ADN, en las fotografías, y en la forma en que esos primos dijeron mi nombre como si siempre hubiera estado en la familia.

Más tarde, cuando visité Nebraska para conocer a Joe y a los demás primos, él no solo me mostró fotos ni me contó historias.

Me llevó a la casa donde había vivido mi padre biológico.

Luego me condujo hasta un cementerio militar—una parcela pequeña y tranquila donde Larry Ewing estaba enterrado bajo una lápida blanca impecable.

Solo eso ya habría sido suficiente.

Pero Joe no había terminado.

Me llevó de regreso a su casa y me entregó algo que nunca esperé ver.

El revólver calibre .22 con el que Larry se quitó la vida.

Lo colocó en mi mano.

Me quedé allí, frente a la tumba de Larry, sosteniendo el arma misma que había terminado con su vida.

Y entonces hice algo que puede sonar extraño para cualquiera que no haya vivido una historia como la mía:

Tomé fotos.

Me paré sobre la lápida de Larry, con el revólver reposando sobre ella, y tomé fotos de mí sosteniéndolo—no para mostrarlo, no por falta de respeto, sino porque era parte de la verdad.

Así como algunas personas guardan cartas o huellas digitales, yo guardé esa imagen.

Ese era mi padre biológico en la tierra.

Esa era el arma que usó.

Y esto—esto era el final de una búsqueda que había comenzado antes de que tuviera nombre.

Joe todavía tiene el revólver. Dijo que tal vez algún día me lo daría.

Tal vez.

No sé si lo conservaría.

Pero jamás olvidaré cómo se sentía—el peso, la historia, la tristeza fundida en acero.

Hay historias demasiado extrañas para ser ficción.

Como el hecho de que el lugar donde mi padre Tino solía tocar música—el restaurante Ramone's—fue el mismo lugar donde un día entré para conocer a Joanne, mi prima, por primera vez.

No fue planeado así.

Ni siquiera sabía que era el mismo lugar hasta que ya estaba dentro, esperándola. Miré alrededor, y me resultó familiar. No solo por los recuerdos de la infancia—algo más profundo, algo ya vivido.

Joanne entró, y me congelé.

Se veía familiar. Demasiado familiar.

No en un sentido de déjà vu.

Sino en un *"mi mente ya ha visto a esta persona antes."*

Empezamos a hablar. Y todo encajó.

La madre de Joanne—que trabajó en Ramone's durante años—era mi tía.

Pero no cualquier tía.

Era la hermana gemela idéntica de mi madre biológica.

Déjalo asentar un segundo.

La mamá de Joanne y mi madre biológica eran hermanas gemelas—y mis padres adoptivos, Frances y Tino, las conocían.

Conocían a los dueños del restaurante.

Iban a los bailes con ellos—eventos de la comunidad mexicana, llenos de música y comida y niños corriendo bajo las estrellas mientras los adultos se mecían con canciones de amor antiguas.

Frances. Tino. La mamá de Joanne. Mi madre.

Todos en la misma habitación.

Una y otra vez.

Mi madre biológica solía venir cada año.

Se quedaba con su hermana—la mamá de Joanne.

Iban al Ramone's. Iban a los bailes.

Estaban en los mismos lugares donde yo estaba.

Y nadie lo sabía.

Ni Joanne.
Ni Frances o Tino.
Ni siquiera yo.

Pero yo recordaba.

No con datos.

Con rostros.

Cuando vi por primera vez una foto de mi madre biológica, no pregunté *"¿Quién es esa?"*

Dije: *"Ya la he visto antes."*

Quizás no directamente.

Quizás no de cerca.

Pero reconocí algo. Un movimiento. Una mirada. Una energía compartida.

Lo mismo con Joanne.

Cuando nos conocimos, no sentí que estaba conociendo a una extraña.

Sentí que finalmente estaba volviendo a ver a alguien.

Mis padres adoptivos se fueron a la tumba sin saberlo.

Sin darse cuenta de que pasaron años cerca de la misma familia que creían haber reemplazado.

¿Y mi madre biológica?

Estuvo a solo unos pasos en esos eventos—riendo, bailando, tal vez incluso mirándome una o dos veces—sin reclamarme jamás.

Y a veces me pregunto si ella sintió algo.

Si al verme jugar entre los otros niños, su corazón se estremeció en el pecho.

O si la negación es lo bastante fuerte como para borrar incluso el rostro de tu propio hijo.

Lo que sé con certeza es esto:

Mis dos familias no eran extraños.

Eran vecinos.

Eran bailarines en la misma sala.

Y yo estaba allí—entre ellos, invisible, sin nombre... inolvidable.

# Capítulo Once:
# La Granja y el Fuego Interior

Hay un lugar en Michael, Illinois—un pueblito que la mayoría de la gente nunca ha escuchado nombrar—donde dos ríos casi se tocan. El Mississippi y el Illinois.
Y justo entre ellos, envuelto en bosque y silencio, es donde vivo.

No solo donde duermo.
Donde vivo.

No es un vecindario.
No es una urbanización.
No se oyen perros ladrando al lado, ni niños en bicicletas, ni camiones de basura en la mañana.

Aquí afuera, solo estamos yo, mi familia y la tierra.

Tengo sesenta acres de bosque espeso y campo abierto. Largas extensiones de senderos donde puedo andar en mi cuatrimoto, trabajar la tierra o simplemente caminar con una taza de café en la mano y ver la neblina deslizarse entre los árboles.

Hay días en que no veo a otra alma más que la mía.

Y así me gusta.

Después de todo lo que he pasado—las casas por las que fui pasando de niño, los barracones del Ejército, los hospitales, las visitas con gente que pensé que tal vez era mi familia—este es el primer lugar que realmente es mío.

Sin uniformes.
Sin silencios.
Sin juegos de adivinanzas.

Solo animales, herramientas, amaneceres y trabajo.

El tipo de trabajo que te cansa las manos y te calma la mente.

Tengo caballos, cerdos, gallinas, conejos, pavos. Algunos para alimento. Otros solo para cuidar.
Cada día empieza temprano y termina tarde.
Siempre hay algo que arreglar, alimentar, limpiar o encerrar.

Pero no lo cambiaría por nada.

Tiene un ritmo. Una verdad.

Sé cuándo va a llover solo por el olor de los árboles. Sé el rastro de cada animal que cruza mi tierra. Sé qué cerca necesita refuerzo, qué árbol está a punto de caer, qué gallo está por empezar problemas con los demás.

No es solo agricultura.

Es aprender a vivir en tus propios términos, después de años viviendo bajo los de los demás.

Sin vecinos lo suficientemente cerca como para tocar la puerta. Sin tráfico. Solo espacio. Silencio. Tiempo.

Y después de tantos años persiguiendo una identidad, buscando respuestas, buscando familia…

Encontré mi paz justo aquí, entre dos ríos y sesenta acres de verdad.

Cada mañana en la granja comienza igual.

Me levanto antes de que el sol termine de salir.
Tengo una rutina—no porque alguien me diga qué hacer ahora, sino porque aquí afuera, la tierra habla con ritmo.
Y si escuchas bien, te dice lo que necesita.

Y yo escucho.

Salgo y respiro el aire—espeso con rocío, tierra y el humo de leña de la noche anterior. A veces hay niebla elevándose sobre las copas de los árboles. A veces es solo un cielo quieto esperando calentarse.

Los animales siempre se levantan antes que yo.

Los caballos empujan sus portones. Los cerdos gruñen y se mueven, esperando la comida. Las gallinas hacen ruido y se alborotan como si tuvieran algo que demostrar. Los conejos son callados pero siempre están atentos, como pequeños espías en las esquinas de sus jaulas. Y los pavos... bueno, ellos hablan como si fueran los jefes del lugar.

Es mucho para manejar, pero es buen trabajo.

Cada corral debe limpiarse. Cada bebedero, llenarse. Cada cerca, revisarse.
Manejo mi cuatrimoto hasta los rincones más alejados de la propiedad para asegurarme de que no haya árboles caídos bloqueando los senderos, ni portones abiertos por el viento o por algún animal.

No hay nadie más aquí para hacerlo.

Y eso es lo que más amo.

Solía vivir en el caos—los horarios de otros, las órdenes del ejército, el silencio de los familiares, las preguntas sin respuestas.

Ahora me levanto y sé exactamente qué me pedirá el día.

Me pedirá mi tiempo. Mis manos. Mi espalda. Mi paciencia.

Y se lo doy.

Porque cada pala de alimento, cada paca de heno, cada pedazo de cerca que reparo—suma algo real.

Aquí afuera, no necesito la aprobación de nadie.
No tengo que preguntarme quién soy.
No tengo que explicarme.

Construí esta vida.

Con madera, sudor y la necesidad de, por fin, estar en un lugar donde pudiera pertenecer sin cuestionamientos.

Y cuando me siento en el porche por la noche, viendo el cielo oscurecerse sobre los árboles que no me piden nada, no pienso en los lugares donde he estado ni en la gente que no se quedó.

Pienso en las tareas de mañana.

Y en lo afortunado que soy de tenerlas.

Criar hijos cambia la forma en que ves el mundo.

Y para alguien como yo—alguien que fue criado por personas que apenas podían decir "te amo" si no había público—también cambia cómo te ves a ti mismo.

No siempre supe qué tipo de padre quería ser.
Pero sí sabía lo que no quería ser.

No quería ser el tipo de padre que deja cicatrices en silencio. Que solo ama en voz alta cuando hay otros escuchando. Que no puede decir "estoy orgulloso de ti" sin atragantarse con las palabras.

Así que traté de aparecer de otra manera.

No perfecto.
Solo presente.

Ahora tengo cuatro hijos. Todos adultos, excepto una. Cada uno con su propia parte de esta historia. Su propia herencia de fortaleza y sorpresas.

Joshua—el mayor—trabaja en la construcción. Un buen muchacho. Independiente. Trabajador. Vive con su novia.
Ya no necesita mucho de mí, y eso es como sé que hice algo bien.

Cody, un año menor que Josh, es carpintero. Construye oficinas y almacenes, ese tipo de trabajo que te cansa de manera satisfactoria.
Ahora hablamos de herramientas y oficios. Es curioso cómo los hijos crecen y de repente hablan tu idioma.

Brandie, mi hija, trabaja para Jonah White, un vecino y buen hombre. Jonah inventó esos dientes Billy Bob y el sombrero con cabello falso. Brandie ayuda en su taller, trabajando en la línea de ensamblaje, asegurándose de que todo siga funcionando.

Y luego está Ziarah.

Mi niña.

Nació en 2010, y aún está aquí con nosotros, en casa, creciendo en esta granja como yo hubiera querido crecer—rodeada de árboles, de verdad, y de gente que la ve.

Es inteligente. Callada. Observadora. Mucho como yo era de niño, pero con algo que yo no tenía entonces: seguridad.

Y por último, pero no menos importante, está Axel—nacido en 2012.
Está por aquí seguido. Corre por los mismos campos, juega con los mismos animales, come en la misma mesa.

Hay algo hermoso en eso—ver cómo se apilan las generaciones sobre una tierra que construí con mis propias manos.

No fue algo malo—solo sorpresa. Especialmente cuando les mostré fotos de mi hermana.

"Se parece muchísimo a ti," dijeron.

Y era verdad.

Ese parecido les pegó en el estómago de la misma forma que me golpeó a mí.

Fue como ver un fantasma con tu propia cara.

Pero se alegraron por mí. Me apoyaron. Tenían curiosidad.

Ellos no crecieron necesitando esas respuestas como yo, pero entendieron por qué yo sí las necesitaba.

Y eso es todo lo que podía pedir.

Hay algo en sostener un arma entre las manos—no en guerra, no por miedo, sino con calma, con control, por deporte.

Para mí, las armas de fuego nunca fueron sobre violencia. Fueron sobre precisión. Enfoque. Ese momento perfecto entre el aliento y el gatillo, donde el resto del mundo se desvanece y solo quedan tú, tu habilidad y el silencio.

En el Ejército, dejé huella como tirador. En un momento, establecí un récord en el campo de fuego real—el mejor que habían visto. Incluso los oficiales hablaban de ello.
Y llevé ese orgullo conmigo mucho después de colgar el uniforme.

Aquí, en la tierra, aún disparo. No por trofeos. No por atención.

Por ritmo. Por claridad.

Lo mismo me pasa con la pesca.

Llevo lanzando anzuelos desde que era niño. Conozco los ríos, los lagos, los sitios donde los peces pican y los que solo te hacen esperar.

No hay nada igual.

Pararse con el agua hasta la cintura al amanecer, viendo la neblina elevarse mientras el hilo silba por el aire—eso es iglesia para mí.

Ahí es donde pienso mejor.

Donde recuerdo quién he sido… y en quién no quiero volver a convertirme.

Tengo historias de cacería también—algunas ya las has escuchado, otras me las guardo.

Historias salvajes. Momentos límite. Situaciones que te hacen reír… y luego dejar de reír cuando te das cuenta de cuán afortunado fuiste.

Pero más allá de la adrenalina, más allá de la destreza, lo que más valoro es esto:

La libertad.

La libertad de caminar mi tierra con un rifle al hombro y no rendirle cuentas a nadie.

La libertad de pescar un río en silencio sin un reloj marcando el tiempo.

La libertad de decir: "Esto es mío," y no referirme a un arma ni a una pesca—sino a una vida.

Después de todo el ruido en el que crecí—y de todo el silencio que vino después—

Así es como se ve la paz:

Un arma limpia y aceitada, no apuntada por miedo.

Una caña lanzada al agua quieta.

Un hombre, finalmente en calma dentro de sí mismo.

# Capítulo Doce:
# La Música en Mi Sangre

Antes de poder leer.
Antes de saber lo que significaba ser adoptado.
Antes de tener un nombre que alguien pronunciara con ternura—
yo tenía la música.

Era solo un niño. Un pequeño creciendo en una casa donde las palabras eran filosas, el silencio era costumbre, y el amor venía envuelto en disciplina.
Pero incluso entonces, antes de poder entender mi lugar en el mundo, entendía el ritmo.

Tuve una batería antes de tener respuestas.

Y esa batería me salvó.

No era gran cosa—algo armado con piezas de segunda mano.
El tipo de cosa que la mayoría de los padres venderían en una venta de garaje.
Pero para mí, lo era todo.

Me sentaba por horas, golpeando sentimientos para los que no tenía palabras.
Rabia. Soledad. Esperanza. Confusión.

Cada golpe era una pregunta que no se me permitía hacer.

Al crecer, pasé al saxofón.

En la escuela, el sonido del metal y el aliento se volvió mi santuario.
La forma en que vibraba en mi pecho—la forma en que llenaba

las salas—me hacía sentir más grande de lo que era.
Como si no necesitara gritar para ser escuchado.
Como si, tal vez, la música pudiera hablar por mí.

Nadie tenía que aplaudir.
Nadie tenía que entender.

No se trataba de aplausos.

Era cuestión de sobrevivir.

No era el tipo de niño que se sentía seguro pidiendo cosas.
No llevaba problemas a casa, ni me abría con los maestros, ni
trataba de explicar lo que no tenía sentido en mi hogar.

Pero dame un instrumento, y te contaría todo.

No con palabras.
Con tono. Con ritmo.

Rápido y filoso cuando estaba enojado.
Lento y buscador cuando me sentía perdido.

Incluso ahora, creo que por eso la música se quedó
conmigo.

Porque cuando todo lo demás se caía—cuando la gente se
iba, o mentía, o miraba hacia otro lado—
el sonido no lo hacía.

El sonido se quedaba. Escuchaba.

Y en un mundo donde nunca estuve del todo seguro de si
pertenecía...

La música siempre me abrió la puerta.

Cuando salí del Ejército, no regresé completo.

Volví cosido con hilo invisible—marcado por cicatrices que
ningún médico podía ver.

Mi rodilla había sido desgarrada. Mi espalda dolía
constantemente. La cabeza me palpitaba casi todos los días.
Pero eso no era lo peor.

Lo peor era el silencio.

Ese tipo de silencio que vive dentro de ti, no a tu alrededor.

Sin órdenes. Sin ruido. Sin estructura.

Solo un hombre, solo, con todo lo que había visto…
y con todo lo que aún no entendía.

Fue entonces cuando la guitarra volvió a mis manos.

Ya había jugado con ella antes. Algunos acordes aquí y allá.
Pero ahora se convirtió en algo más.

Algo necesario.

Al principio, era solo para mantener las manos ocupadas—
para no beber demasiado o no quedarme mirando a la nada.
Pero luego se transformó en algo más grande.

La guitarra empezó a decir cosas que yo no podía decir.

Me sentaba por horas, tocando patrones que no tenían
sentido para nadie más que para mí.
Acordes que dolían un poco cuando los golpeaba justo en el
punto exacto.
Cuerdas que zumbaban como fantasmas en el fondo de mi
garganta.

No solo estaba tocando música.

Estaba exorcizando algo.

Mientras más tocaba, más recordaba quién era.

No solo el soldado.
No solo el niño olvidado.

Sino un hombre que aún podía crear algo hermoso del
dolor.

Y a medida que mis dedos aprendían nuevos patrones, mi
corazón empezó a soltar cosas que ni siquiera sabía que estaba
cargando.

Miedo.

Culpa.

La necesidad de ser entendido sin tener que explicarme.

A veces tocaba temprano por la mañana, cuando el cielo aún era rosado y el resto del mundo dormía.

Otras veces, muy tarde por la noche, sentado junto a la fogata, cigarro en una mano, púa en la otra.

Nunca necesité una audiencia.

Solo necesitaba verdad.

Y la música siempre ha sido lo más honesto que he conocido.

Hace unos años, un amigo mío—el coronel Perry Sullivan—me contactó.

Retirado de la Fuerza Aérea, tan agudo como siempre. Estaba trabajando en un libro sobre su padre, una leyenda en Carolina del Norte llamada Percy Flowers. El hombre había sido contrabandista de licor, cazador de sabuesos, una figura más grande que la vida misma con historias tan salvajes que parecerían ficción.

El libro se llamaba Lost Flowers.

Perry quería darle vida—no solo con palabras, sino con música.

Y me pidió que la escribiera.

Diez canciones.

Ese era el objetivo.

No estaba seguro si podría hacerlo—al menos no rápido. Pero una vez que empecé, las canciones salieron como si hubieran estado esperando toda una vida para ser escritas.

Escribí todo el álbum en cinco días.

Letras. Melodía. Partes de guitarra. El ritmo. El alma del proyecto.

Todo se unió como si alguien me lo estuviera entregando desde otro lugar.
Como si la historia no solo perteneciera a Percy, sino a todos los que hemos tratado de sobrevivir al peso de un legado complicado.

Las canciones no eran solo sobre contrabando y perros de caza.

Eran sobre padres e hijos.
Sobre libertad y memoria.
Sobre la línea entre leyenda y verdad.

Y escribirlas me ayudó a entender algo que nunca había podido poner en palabras sobre mi propia vida:

A veces cargamos la historia de alguien más...
para finalmente poder escuchar la nuestra.

A Perry le encantaron las canciones.

Ahora están siendo producidas en Georgia, puestas en música como yo las imaginé.
Se habla de presentaciones en vivo, tal vez incluso de un lanzamiento como banda sonora.

Pero, sinceramente...

La verdadera recompensa fue escribirlas.

Porque cada verso, cada coro, me recordó que no era solo un veterano...

No era solo un hombre con un pasado...

Era un narrador.
Un sobreviviente.
Una voz.

Sigo tocando.

No todos los días. No siempre por mucho tiempo.
Pero la guitarra nunca está lejos de mí.

Se apoya en la esquina de mi habitación.
Descansa junto a la silla del porche.
Espera cerca de la fogata como un viejo amigo que sabe que
volveré cuando esté listo.

Y cuando lo hago—cuando la tomo y dejo que mis dedos se
muevan—recuerdo quién soy.

Hoy en día, toco principalmente para mí.

A veces Patricia se sienta y escucha.
A veces Ziarah pasa y sonríe sin decir nada.
A veces alguno de los hijos mayores o de los nietos pregunta,
"¿Esa la escribiste tú?"
Y yo solo asiento.

Porque la mayoría de las veces, sí.

Y todavía estoy escribiendo.

Nuevas canciones llegan en destellos.
A veces en medio de la noche, a veces mientras trabajo en la
granja.
Tengo una libreta cerca de mi cama, con pedazos de letras
anotadas en recibos de alimento o sobres del correo.

También estoy regrabando las viejas—puliendo el sonido,
encontrando nuevos bordes en líneas ya conocidas.

Hay algo poderoso en regresar a tus propias palabras y darte
cuenta de que aún se sostienen.
Que el hombre que las escribió sigue ahí, sigue cantando.

La música nunca me falló.

Nunca me mintió.
Nunca me pidió ser alguien más.

Solo esperó.

Esperó durante las peleas, los silencios, las mudanzas, los despliegues, los años en los que no encontraba las palabras correctas.

Estuvo ahí cuando Frances me olvidó.

Estuvo ahí cuando encontré el nombre de mi madre biológica.

Estuvo ahí cuando caminaba por campos, sin saber hacia dónde iba mi vida.

Antes pensaba que la música era algo que hacía.

Ahora sé...
es algo que soy.

Un ritmo heredado.
Una verdad que sigue.
Una voz que nunca se quedó en silencio,
incluso cuando yo sí lo hice.

# Capítulo Trece:
# Reflexiones desde la Cima

Hay personas que nunca tuve la oportunidad de conocer.
No porque no existieran,
sino porque siempre estuvieron justo fuera de mi alcance.
Retenidas por el tiempo, el miedo, la negación o la muerte.

Mi madre biológica fue una de ellas.

Ella me dio a luz y me entregó.
Y cuando finalmente la encontré—décadas después—lo negó
todo.

Incluso con la prueba de ADN.
Incluso con los nombres.
Incluso cuando todo coincidía, me miró a los ojos y dijo que no
era cierto.

Yo no buscaba una disculpa.

Solo quería reconocimiento.
Ser visto.

Ella nunca me dio eso.

Y ahora, se ha ido.

También pienso en la madre de Joe—
una mujer que conocía a mi padre biológico, Larry Ewing, mejor
que nadie.
Ella pudo haber llenado tantos vacíos.
Pudo haberme contado cómo era él como hermano, como niño,
como hombre antes de que la guerra lo vaciara por dentro.

Joe me prometió que hablaríamos.
Que su madre tenía cosas que compartir.

Pero antes de que tuviéramos la oportunidad, murió
repentinamente.

Otra historia que se fue antes de poder ser contada.

Pienso también en Dolores y Alfredo.

Alguna vez fuimos inseparables.
Niños unidos por la circunstancia y la supervivencia.
Conocíamos los secretos del otro, los hábitos, los silencios.

Pero con el tiempo…
se alejaron.

Y ahora… apenas hablamos.

No hubo una pelea.
Solo una desconexión lenta.
Llamadas perdidas. Mensajes sin respuesta.
Navidades que pasaron sin una palabra.

No es enojo lo que siento.

Es duelo por algo que una vez se sintió como hogar.

A veces, lo que más duele no es quién se fue.

Es quién se quedó en silencio cuando más necesitabas ser
recordado.

Nunca esperé dinero.

Ni de Frances. Ni de Tino.
No después de todo lo vivido.

Pero sí esperaba la verdad.

Me dijeron que me habían nombrado apoderado legal y
albacea de su testamento.
Eso decía el papeleo.
Me tomé ese rol en serio—no por el título,
sino porque pensé: *quizá esto significa que confiaban en mí al final.*

Luego Frances enfermó.

Alzheimer.

Y en algún momento, mientras ella se desvanecía, algo cambió.

Resulta que, mientras su mente se deterioraba, mi hermana intervino—
y la convenció de cambiar el testamento.

Me sacó.

Se quedó con la casa. La tierra.
Más de medio millón de dólares en bienes.

Y me dejó con nada…
nada más que el recuerdo de quienes pensé que eran.

Lo hizo de manera limpia.
Silenciosa.
Legal.

Me enteré después.
Sin una llamada.
Sin explicación.

Solo documentos… y silencio.

La traición no fue por el dinero.

Fue por el intento de borrarme.

Yo ayudé a sostener esta familia cuando se caía a pedazos.
Estuve con Tino.
Detuve a Frances cuando se volvió violenta con Alfredo.
Me mantuve cerca cuando los demás se alejaron.

¿Y ahora?

Reescribieron la historia como si yo nunca hubiera formado parte de ella.

Estoy en juicio ahora.

Luchando.

No porque esté resentido—

sino porque me niego a desaparecer.

Porque tiene que haber un límite.

Un lugar donde el pasado no pueda ser reescrito por la avaricia.

Mi hermana siempre fue astuta.

Siempre pensando dos pasos adelante.

Siempre jugando a largo plazo.

Y no lo vi venir.

Porque parte de mí todavía creía que estábamos del mismo lado.

Pero no era así.

Y quizá… nunca lo fue.

Incluso de niños, debí haberlo notado.

Dolores y Alfredo—ambos mexicanos de sangre—

nunca aprendieron una palabra de español.

Pero yo sí.

Lo hablo con fluidez.

Ironic, ¿no?

El niño que "no pertenecía"…

terminó entendiendo la cultura más profundamente

que aquellos que nacieron dentro de ella.

Por cada persona que se fue,

alguien más apareció.

Por cada puerta cerrada de golpe,

otra se entreabrió en silencio—

lo justo para que yo pudiera cruzar.

No tuve la madre que merecía.

Pero encontré primos que me ven,

que me llaman "familia" sin dudarlo.

Encontré una hermana cuyo rostro se parece tanto al mío

que aún me deja sin aliento.

No crecí en una casa llena de calidez.

Pero tengo un hogar ahora—

sesenta acres de tierra,

un lugar que construí con mis propias manos,

rodeado de árboles, de tiempo… y de paz.

No siempre me sentí padre.

Pero he criado hijos que son fuertes, nobles y capaces.

Joshua, trabajando en construcción.

Cody, edificando almacenes.

Brandie, dándolo todo con Jonah.

Ziarah, aún bajo mi techo,

creciendo con raíces firmes.

Y Axel, mi hijo menor—corriendo por los mismos campos
que yo una vez caminé solo.

Perdí un juicio.

Pero mantuve mi carácter.

Perdí el contacto con mis hermanos.

Pero gané una familia que me buscó antes de que yo
siquiera tocara la puerta.

No obtuve respuestas para cada pregunta.

Pero encontré claridad.

No porque alguien me la entregó—

sino porque me quedé el tiempo suficiente para encontrarla por mí mismo.

Antes pensaba que el legado era lo que otros te dejaban.

Ahora sé que el legado es lo que tú mantienes en pie,

aun cuando otros intentan borrarte.

A quien esté leyendo esto y alguna vez se haya sentido olvidado—

te veo.

Al adoptado que no sabe de dónde viene...

Al veterano que se queda despierto a las 2 a.m., preguntándose si alguien notaría su ausencia...

Al niño que aprendió a sobrevivir en silencio porque el amor venía con condiciones—

He sido tú.

Y quiero que sepas:

no tienes que quedarte ahí.

Me tomó décadas aprender esto, pero lo diré claro:

Tú no eres tu papeleo.

Tú no eres tu trauma.

Tú no eres la versión de la historia que otros contaron.

Tú eres lo que construyes.

Eres la gente que aparece cuando realmente importa.

Eres las notas que tocas cuando nadie está escuchando.

Eres el silencio que conviertes en paz.

Las cicatrices que conviertes en canciones.

La gente intentó olvidarme.

Incluso mi propia madre nunca quiso pronunciar mi nombre.

Pero aquí estoy—en mi propia tierra, con mi propia familia, contando mi verdad.

Me anotaron como "Niño" en mi acta de nacimiento.

Pero yo me di un nombre.

Y lo viví hasta volverlo algo real.

# Epílogo:
# El niño llamado "Niño"

Algunas historias no terminan.
Se asientan.
Como el polvo después de una tormenta larga.
Como el agua que vuelve a la calma después de que pasa el bote.

La mía no está envuelta con un moño.
Aún hay preguntas sin respuesta.
Personas con las que quizás nunca vuelva a hablar.
Heridas que ya no sangran, pero todavía duelen cuando cambia el clima.

Pero aquí estoy.

Sigo despertando antes que el sol.
Sigo alimentando animales.
Sigo escribiendo canciones que suenan a verdad.

De vez en cuando, pienso en el comienzo.
El hospital.
El certificado que no tenía nombre—solo decía "Niño."
La caridad.
Los papeles.
El viaje a casa con una familia que no entendía lo que estaba aceptando.

Y luego pienso en el presente.
Mi esposa, Patricia.
Mis hijos.
Mi nieto.
Mis árboles.
Mis canciones.

La paz no llegó rápido.
No llegó fácil.
Pero llegó.
Porque seguí apareciéndome.
Por mí.
Por los que de verdad importan.

No quiero que todos me recuerden.
Solo los que saben lo que significa seguir adelante.

Y si alguien encuentra esta historia algún día—algún joven
buscando su nombre, su lugar, su gente—
espero que sepa esto:

Puedes venir de la nada y aun así convertirte en alguien.
Puedes ser olvidado y aun así hacerte inolvidable.
Puedes ser solo "Niño"...
y aun así convertirte en un hombre digno de ser contado.

www.ingramcontent.com/pod-product-compliance
Lightning Source LLC
Chambersburg PA
CBHW011216120626
46545CB00008B/3018